Martin van Amerongen

Kreisky und seine unbewältigte Gegenwart

Martin van Amerongen

KREISKY

und seine

unbewältigte Gegenwart

Verlag Styria Graz Wien Köln

Ins Deutsche übertragen von Gerhard Hartmann.
Der Titel der holländischen Originalausgabe lautet:
„De samenzwering tegen Simon Wiesenthal“.
Erschienen bei Uitgeverij De Arbeiderspers, Amsterdam.

Das Honorar für dieses Buch wird
dem Wiesenthal-Fonds gewidmet.

1977 Verlag Styria Graz Wien Köln

Printed in Austria
Umschlaggestaltung: Christoph Albrecht
Gesamtherstellung:
Druck- und Verlagshaus Styria, Graz
ISBN 3-222-10995-8

Einleitung

Das Jahr 1970 war ein Wendepunkt der österreichischen Geschichte. Die Parlamentsmehrheit der Österreichischen Volkspartei (ÖVP) wurde gebrochen, und die Sozialisten (SPÖ) übernahmen die Regierung. Bundeskanzler *Josef Klaus*, der „echte Österreicher", der einst ein antijüdisches Manifest unterschrieben hatte, wurde von *Bruno Kreisky* abgelöst, einem Juden und Antifaschisten der ersten Stunde.

Im selben Jahr kam es zum erstenmal zu einer Auseinandersetzung mit einem Mann, der eigentlich für Kreisky ein Bruder und Bundesgenosse sein müßte: *Simon Wiesenthal*, der sogenannte Nazi-Jäger, der mehr als ein Vierteljahrhundert den Mördern seiner beiden Angehörigen schlaflose Nächte bereitete. Dieser Konflikt mündete 1975 in eine aufsehenerregende Konfrontation, die die Namen Kreisky und Wiesenthal im Ausland auf den Titelseiten mancher Zeitungen aufscheinen ließ.

In der Kontroverse zwischen *Bruno Kreisky* und *Simon Wiesenthal* wurden drei zentrale Fragen berührt:

- Was bewog einen Mann wie Kreisky, ausgerechnet Simon Wiesenthal als einen „Volksfeind Österreichs Nr. 1" zu bezeichnen?
- Was bewog Wiesenthal, obwohl die gegen ihn angeführten Beschuldigungen nachweislich ein Akt der Bosheit waren, sich doch vor seinen Feinden zu beugen?

– Wie kam es, daß die Sozialistische Partei Österreichs — eine Partei mit einer ruhmreichen antifaschistischen Vergangenheit — das Auftreten des sozialistischen Bundeskanzlers in dieser Angelegenheit kritiklos hinnahm?

Aus der Antwort auf diese Fragen kann man ersehen, daß die Affäre Kreisky–Wiesenthal eine Angelegenheit ist, die nicht nur die Einwohner der Alpenrepublik angeht. Dafür gibt es im Zentrum der Auseinandersetzung doch Aspekte grundsätzlichen Charakters: Recht gegen Taktik, Macht gegen Zeugnis. Die Ereignisse demonstrieren, wie die im Zweiten Weltkrieg zugefügten Wunden auch jetzt noch unvermindert brennen, wenn die Affäre inzwischen sowohl ein politischer Konflikt wie auch ein persönliches Trauerspiel geworden ist. Sowohl für Kreisky, der sein ganzes Ansehen in diesem persönlichen Streit opferte, wie auch für Wiesenthal, der vom Jäger zum Gejagten wurde.

Die Affäre Boro

Es war das traditionelle Gepräge der Wiener Festwochen, das mich damals, im Jahre 1966, nach Wien kommen ließ. Nicht die österreichische Politik, denn dafür hatte ich noch kein besonderes Interesse. Aber das sollte sich bald ändern. Zwischen *Zauberflöte* und *Cosi fan tutte* besuchte ich, wie es die Reiseführer empfehlen, ein typisches Wiener Kaffeehaus und las dort einige bekannte Zeitungen. Fast die ganze dritte Seite der angesehenen Tageszeitung *Neues Österreich*[1] war mit einem Artikel eines dermaßen selbstkritischen Inhalts ausgefüllt, daß so manche Österreicher beim Lesen den Atem angehalten haben müssen. Die Österreicher, so der Autor, sind gekennzeichnet durch „die Unfähigkeit, geschichtliche Fakten und Zusammenhänge zu begreifen und daraus auch nur bescheidenste Lehren zu ziehen; die Unfähigkeit, über den eigenen, noch dazu durch das Brett eines dumm-dreisten, feigen Opportunismus vernagelten Horizont hinauszusehen". Das *Neue Österreich* brachte zu diesem Vorwurf folgendes Beispiel: „Die Bereitschaft, Auswüchse des Antisemitismus und des Neonazismus zu dulden, ihnen vielfach sogar Beifall zu zollen, ‚Vergangenes vergangen' sein zu lassen, wenn es sich um Blutverbrechen der Nazischergen, es aber zu glorifizieren, wenn es sich um ‚Heldentaten' der Wehrmacht handelt, ja selbst um ‚Errungenschaften des Führers' wie den Autobahnbau und die Beseitigung der Arbeitslosigkeit (durch Kriegsrüstung) ist — unter- und auch oberschwellig — in Österreich weit mehr vorhanden, als ... es ahnen läßt. ‚Hoch Auschwitz', das schreckliche Wort, das verirrte Studenten brüllten, bevor einer der Ihren Kirchweger erschlug, ist in mannigfachen Varianten bereits wieder salonfähig, biertischreif geworden, landauf und landab."[2]

Im Zentrum dieses Artikels stand die „Affäre Boro", genannt nach dem Professor für Wirtschafts- und Sozialgeschichte an der Hochschule für Welthandel, *Taras Borodajkewycz*, früher einmal aktives Mitglied der NSDAP (Mitgliedsnummer 6,124.741), SS-Schulungsleiter und SA-Kulturreferent. Der Vorlesungsstoff von Borodajkewycz war — so schien mir — eher ungewöhnlich, wie ich in den diversen Archiven der Tages- und Wochenzeitungen bemerkte.

So hat er eine komplette Vorlesung der Frage gewidmet, ob *Adolf Hitler* („einer der glänzendsten Redner des 20. Jahrhunderts") ein Vierteljude gewesen sei. Den Hitler-Stellvertreter *Rudolf Heß* nannte der Professor „einen sympathischen Mann, der heute noch zu Unrecht festgehalten wird". *Rosa Luxemburg* war dagegen in seinen Augen „eine jüdische Volksaufwieglerin", wogegen er die Leute, die sie (und *Karl Liebknecht*) umgebracht hatten, als „herrliches Deutsches Freikorps" bezeichnete, das überdies „den Osten [gemeint die Baltischen Staaten] gegen die bolschewistische Gefahr geschützt habe". Dann schließlich beschuldigte er *Erwin Leiser*, den Verfasser der antifaschistischen Filmdokumentation „Mein Kampf", der „Geschichtsverfälschung und eines antideutschen Emigrantenressentiments".[3]

Es entstand ein Skandal, der seinen vorläufigen Höhepunkt in einer Art „öffentlicher Vorlesung“ fand, wozu der selbstbewußte Professor sowohl seine Studenten als auch die Vertreter der Presse eingeladen hatte. Diese Zusammenkunft sollte zeigen, in welch fortgeschrittenem Stadium der politischen Verblendung die Studenten von Borodajkewycz bereits standen. Er wurde mit Applaus begrüßt, als er stolz erklärte, er sei damals „ganz freiwillig“ der NSDAP beigetreten. Und es wurde gelacht und gegrinst, als er die Namen *Rosenzweig* oder *Kelsen* fallen ließ. Borodajkewycz gab es offenherzig zu: In der Tat, er hatte öffentlich über „den Juden Kelsen“ gesprochen. „Nun, Sie kennen meine Vorlesungen“, sagte er, „und Sie wissen, daß ich tatsächlich Persönlichkeiten der Geschichte, die aus dem Judentum stammen, als solche deklariere, und ich werde es auch weiter tun, weil es meine Pflicht als Historiker ist, nicht wahr? Ich kann doch nicht sagen, daß Kelsen ein Israeli war, weil damals der Staat Israel noch nicht existiert hat.“ (Das Protokoll der Vorlesung vermerkt Gelächter.) Das gehöre doch zu „den guten, alten Prinzipien der Wissenschaft“, so fuhr Borodajkewycz fort, daß man Juden, wenn das historisch relevant ist, auch als solche bezeichne — und das habe nichts mit Erscheinungen wie Neonazismus oder Antisemitismus zu tun. Weiter: „Das Volk als Ganzes ist ja an diesen Judenexzessen glücklicherweise nicht beteiligt gewesen, die einem kleinen Klüngel des Systems vorbehalten gewesen sind.“[4]

Achtundvierzig Stunden nach der skandalösen Vorlesung erklärte sich der Vorsitzende der Österreichischen Hochschülerschaft („Es ist eine Tatsache, daß die österreichische Jugend sicher etwas gegen die Juden hat“) offiziell mit dem umstrittenen Hochschullehrer solidarisch. In den darauffolgenden Tagen waren die Wiener Kärntnerstraße, Opernring und Graben Schauplatz von erbitterten Demonstrationen, teils gegen und teils für Borodajkewycz. Es wurden Flugschriften verteilt, und es kam zu Auseinandersetzungen. Die Gegner von Borodajkewycz riefen Parolen wie „Österreichische Studenten dulden keinen Antisemiten auf ihren Universitäten!" oder „Weg mit Borodajkewycz!". Die Anhänger von Borodajkewycz zogen mit Sprechchören wie „Vivat Academia! Vivant Professores!", „Proleten raus! Juden raus!", „Hoch Auschwitz!" oder „Heil Borodajkewycz!" durch die Straßen. Bis der Streit am 31. März 1965 einen dramatischen Höhepunkt erreichte: Der schon etwas ältere Kommunist *Ernst Kirchweger* wurde auf der Straße zwischen dem Hotel Sacher und der Wiener Staatsoper durch einen Faustschlag eines 25jährigen Studenten, der schon einmal wegen neonazistischer Betätigung verurteilt worden war, tödlich getroffen. Nun war endlich der Moment, die bisher passive ÖVP-SPÖ-Koalitionsregierung zu drängen, daß etwas geschehen müsse. Es sollte übrigens nicht mehr als ein Jahr ministerieller Überlegung vergehen, bis offiziell beschlossen wurde, Taras Borodajkewycz vorzeitig in Pension zu schicken.

Die Kontroverse rund um Borodajkewycz, so bemerkte ich mit einiger Verwunderung, entstand nicht plötzlich. Schon im Jahre 1956 war in bestimmten Tages- und Wochenzeitungen von der merkwürdigen Tatsache zu lesen gewesen, daß innerhalb der Mauern der Hochschule für Welthandel ein Mann tätig war, der offenbar keinen Zweifel an seiner unveränderten Sympathie für die nationalsozialistische Weltanschauung bestehen ließ. Daß die konservativ-katholische Österreichische Volkspartei (ÖVP) dies nicht zur Diskussion stellte, war begreiflich; Borodajkewycz war ein Mitglied dieser Partei („der ich ja auch als gläubiger Katholik und als päpstlicher Ordensträger verbunden bin").[5] Das Klammer-Zitat stammt aus einem Brief, den Borodajkewycz an den Parlamentsklub der SPÖ gerichtet hat, mit der der deutschnationale Hochschullehrer aus traditionellen Gründen erheblich weniger Gemeinsamkeiten hatte — Borodajkewycz sprach gewöhnlich über die „jüdische SPÖ".

Warum sollte es trotzdem bis 1965 dauern — mit anderen Worten *neun* Jahre nach der ersten Aufregung über den neonazistischen Charakter von Borodajkewycz' Vorlesungsstoff —, ehe diese SPÖ die Sache im Parlament zur Diskussion stellte?

Simon Wiesenthal war damals, Mitte der sechziger Jahre, eine einigermaßen unumstrittene Figur. Oder gab es doch am Betragen des Leiters des Jüdischen Dokumentationszentrums etwas auszusetzen? Er hatte die Staatsbürgerpflicht zu seinem Beruf gemacht: Er entdeckte von Zeit zu Zeit ehemalige kriminelle Delikte und gab diese zur Verfolgung an die Justiz weiter.

Bruno Kreisky war damals Außenminister und als solcher im In- und Ausland angesehen. Am 2. März 1966 brachte er in einer Wahlversammlung der SPÖ die möglichen innenpolitischen Konsequenzen der „Affäre Boro" zur Sprache. „Wir müssen wachsam sein, wenn wir nicht haben wollen, daß wieder jene furchtbare Zwietracht unter uns gesät wird, die uns schon einmal ins Unglück geführt hat."[6]

Schuld und Sühne

An den Gestaden der Donau kann man bezüglich des Antisemitismus auf eine lange Tradition zurückblicken, die während der letzten Jahrzehnte des Habsburgerreiches begann und in der Ersten Republik (1918—1934), in den Jahren der Ständestaat-Diktatur (1934—1938) und in der Periode des Anschlusses Österreichs an das Deutsche Reich (1938—1945) fortdauerte. Der niederländische Historiker *B. A. Sijes* hat dieses Phänomen in seinem Werk „Studien über die Judenverfolgung"[7] erforscht. Er beschreibt, wie die zahlenmäßig bescheidene jüdische Bevölkerung der Donaumonarchie im letzten Viertel des 19. Jahrhunderts rasch unter dem Einfluß der Pogrome in Osteuropa zunahm. Im Jahr 1848 gab es in Wien 3000 Juden, was etwa einem Prozent der damaligen Bevölkerung entsprach. Im Jahr 1900 war die jüdische Bevölkerung von Wien auf 147.000 Personen angestiegen. Sie prägten inzwischen das wirtschaftliche und kulturelle Leben der Stadt, hatten großen Einfluß auf das Börsen- und Bankwesen, erschlossen die Kohlenminen und öffneten die Handelsmärkte im Osten der Monarchie. Im geistigen Leben waren sie ein nicht zu übersehender Faktor. Der Schriftsteller *Jakob Wassermann* bemerkte nach seiner Übersiedlung von Berlin nach Wien „die vielen jüdischen Künstler, Rechtsanwälte, Snobs, Dandys, Proletarier, Schauspieler, Journalisten und Dichter".[8] Da gab es jüdische Dichter und Denker, wie etwa den Schriftsteller *Karl Kraus*, den Begründer der zionistischen Bewegung *Theodor Herzl*, den Schriftsteller *Arthur Schnitzler*, den Komponisten und Dirigenten *Gustav Mahler* und den Psychoanalytiker *Sigmund Freud*. Führende Tageszeitungen, wie etwa die *Neue Freie Presse*, identifizierten sich mit der jüdischen Bourgeoisie. Um das Jahr 1890 schwankte der Prozentsatz der Juden, die an den Universitäten Wien, Prag, Brünn und Czernowitz studierten, zwischen 16 und 33,6 Prozent. Dazu Sijes: „Das alles war manchen ein Dorn im Auge; das ist wichtig festzuhalten, um die Ursache zu erklären, warum der Antisemitismus unter den Studenten stark angestiegen war." Der Antisemitismus, so sagt Sijes, war früher (um 1873) stark von der Wirtschaftskrise beeinflußt, wobei „dem Juden", als Urheber des Bösen, die Schuld in die Schuhe geschoben wurde.

Größtenteils zu Unrecht: Den 100.000 Wiener Juden, von denen obendrein gar nicht alle im Bank- und Börsenwesen tätig waren, stand die große Masse der 2,5 Millionen Juden gegenüber, die in Galizien und in der Bukowina in größter Armut lebten.[9]

In politischer Hinsicht waren die Juden um die Jahrhundertwende etwa auf zwei Parteien aufgeteilt: Die großbürgerliche Liberale Partei war das Sammelbecken der reichen Juden; die armen Juden, verstärkt durch die Sozialbewegung unter der jüdischen Bourgeoisie, suchten Unterschlupf bei den Sozialdemokraten, wo sie durch ihren reformatorischen Eifer recht bald eine dominierende Position einnahmen, sowohl in qualitativer wie auch in quantitativer Hinsicht (fast alle Theoretiker der Partei waren Juden). Die Sozialdemokratische Partei hatte im Gegensatz zu manch anderen Organisationen keinen Arier-Paragraphen, was nicht hieß, daß die nichtjüdischen Parteimitglieder ganz frei vom Antisemitismus waren. „Die kleinbürgerlichen Instinkte sind selbst bei den Arbeitern hier, die ja größtenteils in kleinbürgerlichen Ideenkreisen aufgewachsen sind, so stark, daß unsere Führer alle Mühe hatten, die Massen vor dem Überlaufen zu den Antisemiten zu bewahren", schrieb *Karl Kautsky* besorgt an *Friedrich Engels*. In der ersten Zeit hatte der Antisemitismus einen primitiv-gesellschaftlichen Anstrich, der gegen das jüdische Kapital der Reichshauptstadt gerichtet war. Als dann die Sozialdemokratie zu einem bedeutenden Faktor aufstieg, wurde der Antisemitismus — „das Morphium des kleinen Mannes", wie *Hermann Bahr* bemerkte — von einer Bewegung gegen das jüdische Kapital zu einer Bewegung gegen die jüdischen Führer der Sozialdemokraten umfunktioniert. „Ein Jude war es, *Victor Adler*, der die Axt an die Monarchie gelegt hatte und ein Kaiserhaus, das ruhmreich acht Jahrhunderte geherrscht hatte, in die Verbannung stieß, ein Jude war es, *Julius Deutsch*, der das Heer zu einer Parteigarde machte, ein Jude war es, *Otto Bauer*, der in seinem Linzer Programm Österreich gleichsam in einen Sowjetstaat umwandeln wollte, und ein Jude war es, *Hugo Breitner*, der unermeßliches Unglück über unser Wien brachte", stellte die christlichsoziale *Bürgermeister-Zeitung* 1932 fest.

Kurz nach der Veröffentlichung dieser Betrachtung errichtete *Engelbert Dollfuß* nach Ausschaltung des Parlaments (7. März 1933) in Österreich den Ständestaat. Für ihn war u. a. auch der italienische Faschismus unter *Mussolini* Vorbild. Das Parlament wurde nach Hause geschickt, die Meinungsfreiheit aufgehoben und das Standrecht verkündet. Nachdem die Sozialisten vergeblich am 12. Februar 1934 einen Aufstand versucht hatten, wurde Österreich zu einem „Christlich-Deutschen Staat“ umbenannt, der seine nichtchristlichen und nichtdeutschen Untertanen — sprich: die Juden — aus allen öffentlichen Ämtern warf. Als Dollfuß kurze Zeit später ermordet wurde und *Kurt Schuschnigg* das Amt des Bundeskanzlers übernahm, warf Nazideutschland im Laufe der Zeit immer längere Schatten über das (formal noch) unabhängige Österreich. Bis im Februar 1938 *Arthur Seyß-Inquart* erzwungenermaßen Innenminister wurde. Die jüdischen Schulkinder wurden von ihren Klassenkameraden isoliert. Die *Reichspost* meldete, daß es in Hinkunft erlaubt sei, in der Öffentlichkeit mit dem Hitlergruß zu grüßen und das Hakenkreuzzeichen zu tragen. Das unabwendbare Schicksal kam zu seinem Ende: Am 13. März 1938 wurde auf dem Balkon der Wiener Hofburg unter jubelndem Beifall der „Anschluß“ (übrigens ein altes politisches Ideal der Sozialdemokratie) zwischen Deutschland und Österreich verkündet, worauf in Wien eine derartig heftige Judenhatz begann, daß selbst einige deutsche Offiziere erschraken.

Die Pogrome waren bald eine vertraute Erscheinung im Stadtbild. Es war beliebt, jüdische Frauen zu zwingen, die Straßen aufzuwaschen, wobei eine große Menge dabeistand und zuschaute.[10] Die Jagd erreichte Anfang November 1938 in der sogenannten „Kristallnacht“ ihren Höhepunkt, vom Wunsch *Adolf Hitlers* ausgelöst, daß „die SA sich einmal ausleben muß“. Und solches geschah auch. Es dauerte keine achtundvierzig Stunden, bis alle zweiundvierzig Wiener Synagogen in Brand standen.

Die Anzahl der Selbstmorde innerhalb der jüdischen Gemeinschaft stieg binnen kurzer Zeit auf 680. In der Zeit vom 9. bis 11. November 1938 wurden 8000 Juden verhaftet, von denen 5000 in das KZ Dachau gebracht wurden. Die Mißhandlungen waren mit allen möglichen Erniedrigungen gepaart. Ein Augenzeugenbericht: „Man ließ sie in den überfüllten Räumen hungern, oft stundenlang knien oder mit dem Gesicht zur Wand bewegungslos stehen. Vor allem die Alten und Kranken wurden gezwungen, ‚Turnübungen' zu machen, auf dem Boden zu kriechen und sich gegenseitig zu mißhandeln. Wer sich weigerte, an diesen ‚Spielen' teilzunehmen, wurde geschlagen, bis er blutüberströmt zusammenbrach."[11]

Der Mythos von der österreichischen „Gemütlichkeit" wurde für immer in das Reich der Sage gewiesen. „Gegen die Kristallnacht in Wien war die Reichskristallnacht von Berlin ein gemütliches Weihnachtsfest", bemerkte *Simon Wiesenthal.*

Natürlich, auch in Österreich hat nicht jeder während des Zweiten Weltkrieges den Befehlen der Nazis Folge geleistet, aber die Österreichische Widerstandsbewegung war im Gegensatz zu den meisten besetzten Ländern Europas verhältnismäßig schwach. Nach offizieller Schätzung hat der aktive Widerstand gegen das Naziregime ungefähr 35.000 Österreichern (katholische Priester, sozialistische Arbeiter, Offiziere, Intellektuelle, Kommunisten, christlichsoziale Beamte) das Leben gekostet.[12] Dagegen muß aber angeführt werden, daß mindestens 567.000 Personen NSDAP-Mitglieder, mindestens 60.000 SA-Mitglieder und mindestens 20.000 SSler gewesen sind.[13]

Sie tragen in erster Linie die Verantwortung für den Tod

der 65.000 jüdischen Landsleute. Damit aber ihre Verantwortung aufrechtbleibt, hat Simon Wiesenthal sein berühmtes Memorandum über „Schuld und Sühne der NS-Täter in Österreich" verfaßt, das er am 12. Oktober 1966 dem damaligen Bundeskanzler *Josef Klaus* übergab.[14]

„Die Meinung, für die grauenhaften Nazi-Verbrechen in der Zeit von 1938 bis 1945 seien durchwegs Deutsche verantwortlich zu machen, ist allgemein verbreitet", bemerkte Wiesenthal. „Speziell in unserem Land neigt man zu der Auffassung, daß die Beteiligung und damit die Schuld der Österreicher an der Vernichtung von Millionen Menschen äußerst gering war." Weiter: „Der Anteil der österreichischen Staatsbürger an der jüdischen Tragödie der Jahre 1938—1945 ist nicht zu unterschätzen; er liegt weit über jenen 8,5 Prozent der ‚ostmärkischen' Bevölkerung innerhalb des Großdeutschen Reiches."

Eine unverhältnismäßig große Anzahl von Österreichern, so behauptet Wiesenthal, bekleidete Kommandofunktionen im damaligen Vernichtungsapparat. *Adolf Eichmanns* „Zentralstelle für jüdische Auswanderung" war größtenteils mit Österreichern besetzt. Sein Transportchef *Franz Nowak* schickte 1,700.000 Juden in die Vernichtungslager. Der Österreicher *Anton Brunner* leitete die Vernichtung der österreichischen Juden, sein Bruder *Alois Brunner* liquidierte sie in Griechenland und in der Slowakei. Der österreichische Rechtsanwalt *Sammern-Frankenegg* war für den Tod einer halben Million Juden im Warschauer Ghetto verantwortlich. Die Österreicher *Franz Murer* und *Eduard Roschmann* waren in den Ghettos von Wilna und Riga eingesetzt. Viele Kommandofunktionen in Theresienstadt, Groß-Rosen, Majdanek, Dachau, Flossenburg, Buchenwald und Mauthausen wurden von Österreichern bekleidet. Die „Aktion Reinhard“,[15] die 1,8 bis 2,2 Millionen Menschenleben kostete, trug größtenteils den Stempel von Österreichern. Der österreichische Anteil, der von ’s-Gravenhage aus das besetzte Holland terrorisierte *(Seyß-Inquart, Rauter, Rajakowitsch, Fischböck)*, war dermaßen groß, daß die örtliche Bevölkerung dafür den Namen „Donauklub“ erfand.

„Historiker und Statistiker legten die Zahl der im Dritten Reich ermordeten Juden auf rund sechs Millionen fest. Untersucht man die Beteiligung der Österreicher an den Vernichtungsmaßnahmen — bei der ‚Aktion Reinhard‘ spielten die Österreicher eindeutig die dominierende Rolle —, stehen wir vor einer erschütternden Bilanz; mindestens drei Millionen ermordete Juden gehen zu Lasten der an den Verbrechen beteiligten Österreicher“, schrieb Wiesenthal.

Im zweiten Teil dieses Memorandums wird aufgezeigt, wie die österreichische Nachkriegsjustiz die Verurteilung der Hauptverantwortlichen handhabte. Kurz zusammengefaßt stellte Wiesenthal fest, daß man von einer adäquaten und planmäßigen Verfolgung der Verbrechen nicht sprechen kann. Es ist nur eine kleine Zahl von Beamten freigestellt, um die Akten zu studieren, die sich übereinandertürmten; der eine Freispruch folgt dem anderen. „Eine aufrichtige Bilanz der bisherigen Verfolgung und Sühne der Nazi-Verbrechen müßte alle Verantwortlichen in unserem Land zu der Erkenntnis führen, daß Österreich seinen Verpflichtungen, die es als Rechtsstaat und als Unterzeichner der Menschenrechtskonvention zu erfüllen hat, bisher nur in geringem Maß nachgekommen ist. Die schweren Versäumnisse, Fehler und Rechtsirrtümer liegen nicht nur in mangelhaften Rechtsgrundlagen und im Versagen der Justiz- und Polizeistellen, ihrer Durchsetzung mit selbst schwer schuldig gewordenen Beamten, im Mangel an Personal und materiellen Mitteln und nicht zuletzt in gefährlichen Defekten der öffentlichen Meinung begründet."

Und Wiesenthal macht zum Schluß aufmerksam: „Nur rasche und energische Maßnahmen können das bereits geschwächte internationale Ansehen Österreichs wiederherstellen."

Im Jahr 1976, zehn Jahre nach der Überreichung dieses Memorandums, ließ Wiesenthal wissen, daß er in Zukunft die Kriegsverbrecher nicht mehr belästigen werde. Es habe keinen Sinn mehr. Seit die Sozialisten 1970 die Regierung übernommen haben, laste ein Fluch über seiner Arbeit. Der größte Teil der von ihm zusammengestellten Nazi-Dossiers wurde diskret in den Archiven aufgehoben. Die Schar der im Zeitraum zwischen 1970—1975 durchgeführten Prozesse gegen ehemalige SSler endigte mit einem Debakel. Die spektakulärsten Prozesse aus dieser Zeit waren die gegen den SS-Unterscharführer *Johann Vinzenz Gogl*, den SS-Obersturmführer *Walter Dejaco* und den SS-Untersturmführer *Fritz Ertl*. Der angeklagte Gogl wurde unter anderem beschuldigt, im KZ Mauthausen eine nicht näher bestimmte Anzahl von Häftlingen erschossen zu haben — „Und in Erwartung des Schauspiels hatten sich die weiblichen SS-Angehörigen und die Frauen der SS-Offiziere versammelt, um dem Morden als Zuschauer beizuwohnen."[16] Dejaco und Ertl bauten die Gaskammern des KZ Auschwitz. „Aber auch für die unmenschlichen Lebensbedingungen im Lager werden beide Angeklagte verantwortlich gemacht. Ihre Bautätigkeit war, so argumentiert die Staatsanwaltschaft, von vornherein auf ein kurzfristiges Vegetieren der Häftlinge ausgerichtet und stellte eine Verhöhnung der elementaren Grundsätze der Bautechnik dar. Selbst die für Wachhunde und für Kühe bestimmten Ställe waren mit einer besseren Belüftung ausgestattet als die Häftlingsbaracken."[17]

Trotzdem wurden Gogl, Dejaco und Ertl freigesprochen. Die jüdische Zeitschrift *Der Ausweg* fragte sarkastisch, wo denn die Schuldigen geblieben seien und ob sich die Juden vielleicht selber vergast hätten.[18]

Es ist bekannt, daß die Geschichte der Nachkriegsurteile bei den österreichischen Kriegsverbrecherprozessen eine Aneinanderhäufung von Skandalen ist, verursacht durch eine lahme Justiz, einen schlecht gesäuberten Beamtenapparat und durch parteiische Geschworene. Jüdische Zeugen werden oft ausgelacht, wenn sie auf die Bibel schwören, die Wahrheit und nichts als die Wahrheit zu sagen. Die Rechtsanwälte, die ihre Klienten zu „Opfern des internationalen Judentums" machen, ernteten Applaus im Publikum. Nachdem die Mörder von 12.000 polnischen Juden freigesprochen worden waren, erwies sich, daß sowohl der Vorsitzende des Richtersenats wie auch der Sprecher der Geschworenen ehemalige Mitglieder der SA gewesen waren. Der Oberste Gerichtshof wurde in einem bestimmten Fall angerufen, den Freispruch eines anderen Massenmörders aufzuheben, denn es zeigte sich, daß die Mehrheit der Geschworenen aus ehemaligen NSDAPlern bestand. Es sind in der Vergangenheit einige Versuche unternommen worden, zu verhindern, daß ehemalige Nazis in Kriegsverbrecherprozessen mitentscheiden dürfen. Der ÖVP-Justizminister *Hans Klecatsky* (1966—1970) sah diesen berechtigten Wunsch ein. (Es waren vorher die Sozialisten, die eine diesbezügliche Regelung ablehnten.[19]) Und selbst als Kriegsverbrecher vor nun gesäuberten Geschworenen standen, soll dies für ein österreichisches Laiengericht eine schwere Aufgabe gewesen sein, ein gerechtes Urteil auszusprechen. Nach dem Freispruch Gogls machte die Widerstands-Zeitung *Der Neue Mahnruf* darauf aufmerksam, daß auch Geschworene mit einer nichtnationalsozialistischen Vergangenheit Schwierigkeiten mit der Beurteilung der Nazizeit hätten. Denn diejenigen, die jünger als 45 Jahre sind, haben während ihrer Schulzeit nichts, aber schon gar nichts über die Verbrechen im Krieg gelernt, weil ihnen Eltern und Lehrer es verschwiegen. Und diejenigen, die älter als 45 Jahre sind — viele selbst Eltern und Lehrer —, haben während des Dritten Reiches getan, was viele getan haben: „Weggeschaut. Es ist ihnen damals meist überhaupt nicht aufgefallen, daß die Nachbarwohnung plötzlich leer war. Sie haben sich höchstens um die leerstehende Wohnung beworben. Sie haben weggeschaut, wenn ein Arbeitskamerad, der nicht eingerückt war, plötzlich nicht mehr am Arbeitsplatz erschienen war. Sie haben, so sagen sie, nichts gewußt. Eines haben sie alle gewußt: Daß man nicht fragen soll, wenn einer von der Gestapo verhaftet wurde und nicht mehr heimgekommen ist. Sie haben nichts gewußt und haben auch nicht die Plakate gelesen, die die Hinrichtungen von Leuten, Bekannten und Unbekannten angekündigt haben. Auf den Geschworenenbänken saßen vorwiegend ‚Nichts-getan-habende Wegschauer' über ihre eigene Vergangenheit zu Gericht."[20]

Antisemitismus ohne Juden

Im Jahr 1945 war die Jüdische Gemeinde Wiens auf 240 Personen zusammengeschrumpft, womit die „jüdische Frage" gelöst war. Die wichtige Voraussetzung für das Andauern des Antisemitismus war, so sollte man meinen, daß genügend Juden vorhanden sind, um die Aggression abzuladen. Das ist jedoch ein Irrtum. Judenhaß ist nicht an eine bestimmte Zahl gebunden. Noch vor Hitlers Kapitulation warnten unabhängig voneinander *Jean-Paul Sartre*,[21] *Max Horkheimer* und *Theodor Adorno*[22] vor der Annahme, das Kapitel Auschwitz sei das letzte Kapitel in der Geschichte des Antisemitismus. Auch als nur eine geringe Zahl von Juden das Dritte Reich überlebten, sollten sie doch die jahrhundertelange Funktion eines Katalysators der gesellschaftlichen Unlustgefühle ausüben. In den Vereinigten Staaten, worauf sich die Untersuchung von Horkheimer und Adorno konzentrierte, blieb — Auschwitz hin, Auschwitz her — „das Hirngespinst von der Verschwörung lüsterner jüdischer Bankiers, die den Bolschewismus finanzieren", bestehen. „Es hat sich tatsächlich gezeigt", so Horkheimer und Adorno, „daß der Antisemitismus in judenreinen Gegenden ebensolche Chancen hatte wie etwa in Hollywood."

Das scheint in demselben Maße für Wien und seine Umgebung zu gelten, ungeachtet der Tatsache, daß die eine Hälfte der Jüdischen Gemeinde umgebracht und die andere Hälfte vertrieben wurde. Auch hier gilt das gleiche wie bei Sartre, Horkheimer und Adorno: Selbst als die Juden aus dem Stadtbild verschwunden waren, sprach man von „einem jüdischen Nachkriegsproblem". Dafür spricht auch, daß ein beträchtlicher Teil der Studenten bereit war, zur moralischen Unterstützung des bekannten Judenhassers *Taras Borodajkewycz* auf die Straße zu gehen. Ich nenne noch ein paar Beispiele zur Illustration: einen Mühlviertler Dorfpfarrer, der 1962 auf der Kanzel gegen die „Juden Kreisky und Pittermann" loszog,[23] den ÖVP-Abgeordneten *Alois Scheibenreif*, der 1966 den damaligen Außenminister Kreisky einen „Saujuden" nannte,[24] den ehemaligen Sozialisten *Franz Olah*, der im selben Jahr einen politischen Gegner mit „das ist ein Chefarzt, ein Mediziner und natürlich ein Jude" beschrieb. 1972 verursachten die ÖVP-Abgeordneten *Haider* und *Suppan* mit ihren Zwischenrufen „Lauter Juden!" und „Is des scho wieder a Jud!" einige Aufregung im Parlament. Der ÖVP-Obmann *Josef Klaus*, Bundeskanzler von 1964 bis 1970, ging 1970 mit einem Plakat in die Wahl, auf dem unter seinem Bild „ein echter Österreicher" stand — eine deutliche Anspielung auf die Tatsache, daß sein Gegenspieler, der jüdische Emigrant *Bruno Kreisky*, kein „echter Österreicher" sei.[25] Der freiheitliche Abgeordnete *Otto Scrinzi* philosophierte 1970 über „den unheilvollen und negativen Einfluß" der Juden auf die „moderne Kunst" und ihre Rolle bei den „extremen Linken".[26] Sein Parteifreund *Hans Klement*, Abgeordneter zum Wiener Landtag bzw. Gemeinderat, wurde 1973 nach den Chancen einer Regierungskoalition zwischen den Freiheitlichen und den Sozialisten gefragt.

Zögernd antwortete er: „Ja, wenn Sie heute nur — um wieder was ganz Heikles anzuschneiden — das rassische Problem. . . "[27] Man glaube nicht, daß solche Äußerungen sich hauptsächlich in konservativen Kreisen finden. Man denke an die Serie „Die Juden in Österreich", verfaßt von dem Publizisten *Viktor Reimann* in der *Kronen-Zeitung*, die ein Nahverhältnis zum Österreichischen Gewerkschaftsbund (ÖGB) hat. In dieser Serie wurden alle bisherigen Vorurteile in ein quasiwissenschaftliches Gewand gesteckt: „Eine der Hauptursachen für den Antisemitismus muß wohl im Juden selbst zu suchen sein." „Es ist sein Wille zum Anderssein, zur Absonderung von Nichtjuden." „Der Jude gewann ein ganz anderes Verhältnis zum Geld als seine Mitmenschen." „Der Jude ist ein stark intellektueller Typ." „Die jüdischen Angaben über den Massenmord im Dritten Reich gehen bis über sechs Millionen, sind aber zweifellos zu hoch gegriffen." „Die Jagd des Simon Wiesenthal nach ehemaligen Kriegsverbrechern rief selbst bei vielen Personen, die dem Judentum freundlich gegenüberstehen, Abneigung hervor." „Menschenjagden erzeugen immer Mitgefühl für die Verfolgten, selbst wenn diese das Mitgefühl nicht verdienen."[28]

Der Antisemitismus ist in Österreich zu wenig systematisch organisiert, um die Behauptung zu rechtfertigen, daß die Zweite Republik in ihrer Mentalität ein regelrechter Nachfolger des Dritten Reiches sei. Auf den ersten Blick schaut das vielmehr so aus, als ob der aggressive Antisemitismus vor dem Krieg im heutigen Österreich eine „gemütliche" Variante bekommen habe, eine Variante, die sich in Sprüchen wie „I hab nix gegen die Judn, oba bei mir zaus muaß i s' ned hobn" und „Vagasn hätt ma s' ja wirkli ned brauchn" ausdrücken. Der Mann, auf dem sich im Lauf der Jahre ein beträchtlicher Teil des politischen Antisemitismus entladen hat, *Bruno Kreisky*, verneint trotzdem auch das Bestehen dieser „gemütlichen" Variante. „Es gibt heute keinen Antisemitismus mehr in Österreich. Das wird den Leuten höchstens eingeredet. Ich habe nie irgendeinen Antisemitismus verspürt."[29]

In einer Untersuchung des angesehenen Linzer IMAS-Instituts wurde jedoch der Bundeskanzler gänzlich widerlegt. Erstens, so wurde festgestellt, gedeiht der Antisemitismus mit seinen verschiedenen Schattierungen blühend. Zum zweiten kann sich der österreichische Antisemitismus neben seiner „gemütlichen" Variante ebenso — und das nicht unbeträchtlich — aggressiv äußern. Auch in Österreich hat der „Antisemitismus ohne Juden" fest Wurzeln gefaßt. Obwohl 57 Prozent der Bevölkerung noch nie einen Juden gesehen haben, gibt es dennoch bei 70 Prozent antisemitische Neigungen, derweil sich 24 Prozent selbst „in starkem Maße" als Antisemiten bezeichnen. Das Lager der „starken" Antisemiten erreichte 31 Prozent bei der Generation über 50 Jahre, dann folgt die der 30- bis 49jährigen mit 19 Prozent, gefolgt von den 16- bis 25jährigen mit 16 Prozent. Es wurden weiters verschiedene Fragen gestellt, wie zum Beispiel, ob Österreich eine besondere Verpflichtung den Juden gegenüber haben müsse aufgrund der Tatsache, „daß ja die Österreicher bei den antijüdischen Greueltaten während der Hitler-Zeit mitbetroffen waren" — diese Frage wurde von 67 Prozent der Befragten mit Nein beantwortet. Ferner bezeichneten 45 Prozent die Juden als „berechnend", 65 Prozent sind der Meinung, daß die Juden das wirtschaftliche Leben beherrschen, 41 Prozent glauben, daß die Juden das Leben und die Arbeit anderer ausbeuten, und 28 Prozent der Männer bzw. 41 Prozent der Frauen wären nicht gewillt, einen Juden bzw. eine Jüdin zu heiraten.

In einer früheren Untersuchung[30] ist übrigens einmal festgestellt worden, daß 45 Prozent der Österreicher „einen Widerwillen fühlen“ bei dem Gedanken, einem Juden die Hand geben zu müssen. Im Vergleich zu ihrem früheren Landsmann Adolf Hitler („Ich kam als 17jähriger Mensch nach Wien... Ich ging von Wien weg als absoluter Antisemit“) ist gegenwärtig eine solche peinliche Begegnung wenig wahrscheinlich.

Der Pakt mit dem Teufel I

Man pflegt in Wien von jeher anstatt der Begriffe Nazi oder Nationalsozialist euphemistisch *Ehemalige* zu sagen. Diese Ehemaligen sind nach dem Krieg von den verschiedenen ÖVP-SPÖ-Koalitionsregierungen mit verdächtigem Wohlwollen behandelt worden.

Ein Beispiel unter vielen: Eines der weltberühmtesten Symphonieorchester, die Wiener Philharmoniker, enthielt während des Dritten Reiches selbst nach österreichischen Begriffen eine große Zahl von Kollaborateuren, reichend von hundertprozentigen Nazis bis zu Anhängern der unverfänglichen Meinung: „Es lebe die Kunst und es vergehe die Welt..." Nach der Niederlage Nazideutschlands wurden vier Orchestermitglieder entlassen, einige Monate später folgten vierzehn nach. „Was die restlichen politisch belasteten Mitglieder des Orchesters betrifft", schrieb das sozialistische Zentralorgan *Arbeiter-Zeitung*, „haben die zuständigen Regierungsstellen volles Verständnis dafür, daß ein weiterer Abbau Qualität und Bestand des Orchesters ernstlich gefährden würde. In diesem Fall kann man hoffen, daß diese Mitglieder durch ganz besondere Leistungen (Konzerte für die Opfer des Nationalsozialismus) wiedergutmachen, was sie vielleicht lediglich aus politischer Dummheit begangen haben."[31]

Während sich die Deutschen nach 1945 mit dem typischen Spruch „Befehl ist Befehl!“ verteidigten, neigten die Österreicher zu der bekannt österreichischen Einstellung: „Es muaß amal a Ruah sein.“ Dieser Spruch fand in den Kreisen der regierenden ÖVP und SPÖ wenig Widerstand. Fürs erste wurde wohl den rund 700.000 NSDAP-Mitgliedern das aktive und passive Wahlrecht verweigert, aber die beiden Koalitionsparteien — die Wahlen von 1945 zeigten, daß zwischen ihnen nicht viel Abstand herrscht — rechneten mit dem Tag, an dem dieses Potential an Stimmen möglicherweise zwischen Regierungsverantwortung und Opposition entscheidet.

Als dann 1949 die Nazis wieder wählen durften, wurde in den diversen Parteizentralen die Überlegung angestellt, wie dieses neue Potential im Streit um die Macht wirkungsvoll eingesetzt werden könne.

Es war der schon vorher erwähnte *Taras von Borodajkewycz*, der eine zentrale Rolle bei den Verhandlungen zwischen führenden Mitgliedern der ÖVP (*Julius Raab* und *Alfred Maleta*) und einer Anzahl prominenter ehemaliger Nationalsozialisten (unter ihnen der ehemalige Leiter des Wiener SD, *Höttl*, und der Führer der Wiener HJ, *Pollak*) spielte. Höttl und Pollak wollten gerne ihren politischen Anhang bewegen, die ÖVP zu wählen, wenn sie als Gegenleistung einen nazifreundlichen Justizminister und Bundespräsidenten sowie 25 Parlamentssitze in der ÖVP-Fraktion für ehemalige NSDAP-Mitglieder erhielten.[32] Dieses Geschäft kam aber nicht zustande.

Zur selben Zeit hatte die SPÖ-Führung (vertreten durch Vizekanzler *Schärf* und Innenminister *Helmer*) mit den Gründern des sogenannten „Verbands der Unabhängigen“ (VdU) Kontakt. Ungeachtet des deutlichen neonazistischen Charakters dieses Verbandes versprachen die Sozialisten, ihren ganzen Einfluß bei den alliierten Besatzungsbehörden aufzuwenden, um dem VdU zu ermöglichen, bei der Wahl teilzunehmen. Die geheime Hoffnung der Sozialisten war aber, daß eine zweite bürgerliche Partei die Position der gegnerischen ÖVP dermaßen schwäche, daß sie selbst als stärkste Partei aus der Wahl hervorgehen würde. Dieses opportunistische Manöver hatte aber keinen Erfolg. Der VdU nahm sowohl der SPÖ als auch der ÖVP gleich viel Mandate ab. Das einzige Ergebnis der SPÖ-Initiative war, daß plötzlich *sechzehn Neonazisten* Parlamentsmitglieder wurden.

So kam es, daß die Nazis durch ihre Zahl einen gewichtigen Faktor in der Innenpolitik darstellten. Darum versuchten ÖVP und SPÖ, möglichst viel „Widerstand" bei den „Kameraden" von früher auszuräumen. „Parade-Nazis" bekamen prominente Plätze auf den Kandidatenlisten, um zu unterstreichen, daß man nicht die Absicht hatte, endlos über die Verbrechen der Vergangenheit zu sprechen. „Europäische", „soziale" und „nationale" Vereinigungen entstanden unter stillschweigender Duldung der Behörden, gleichfalls „Kampfbünde", „Freischaren", „Turnerbünde" und „Landsmannschaften". Eine Anzahl von Personen, die 1945 zu Unrecht dem Tod entgangen sind, verfaßte ungestraft die eigenartigsten Ansichten in Zeitschriften wie *Der Trommler*, *Der Panzerhusar*, *Der Kamerad* und *Die Kameradschaft*. Kein Tor war für die Ehemaligen verschlossen: nicht das der Universitäten, nicht das des Parlaments, nicht das der Regierungsämter, nicht das der Parteileitungen. „Und wenn auch das Scherzwort stark übertrieben ist, man müsse Pg (Parteigenosse), ja womöglich hoher Nazifunktionär gewesen sein, um es in Österreich heute zu etwas zu bringen, so trifft es doch einen wahren Kern der Sache", stellte *Der Volksbote* fest.[33] Der am linken Flügel angesiedelte Sozialist *Josef Hindels* brach den Stab über den „grenzenlosen Opportunismus", womit er die Bereitschaft meinte, „selbst mit dem Teufel zu packeln", und zur Illustration zitierte er einen Parteifunktionär, der gesagt hat: „Wenn die vergasten Juden wählen könnten, wäre ich gerne bereit, auch bei Wahlversammlungen von den Verbrechen der Nazis zu sprechen. Aber leider brauchen wir die Stimmen jener, die sie vergast haben..."[34]

Die einzige politische Partei Österreichs, die begreiflicherweise nicht von Exnazis infiltriert wurde, ist die Kommunistische Partei (KPÖ). Der drohende Schatten war aber hier nicht *Adolf Hitler*, sondern *Josef Stalin*. Im Jahr 1945, beim Wiedererstehen der Republik Österreich, war die KPÖ ein wichtiger Faktor in der Innenpolitik. Ein Drittel der provisorischen Regierung wurde von den Kommunisten gestellt, darunter der bekannte Kulturphilosoph *Ernst Fischer*. Bei den ersten Wahlen im November 1945 erhielt aber die KPÖ nur vier Sitze, 1959 verschwand sie aus dem Parlament, ohne je wiederzukehren. 1968 versuchte sie ideologisch vom Prager Frühling zu profitieren, vor allem trat hier Ernst Fischer hervor. Jedoch nach der „brüderlichen Hilfe" des Warschauer Paktes wurde innerhalb der KPÖ Front gegen „die revisionistischen und opportunistischen Kräfte gemacht, die im Zusammenwirken mit den Revisionisten der Tschechoslowakischen Kommunistischen Partei einen massiven Angriff gegen die marxistisch-leninistischen Grundlagen unserer Bewegung unternommen haben".[35]

Fischer, der Breschnjew und Genossen als „mit Panzern ausgerüstete Gangster“ bezeichnete, wurde ausgeschlossen. Die KPÖ verlor noch mehr an Bedeutung. Sie ist mit ihrem Streben, Österreich in eine Volksdemokratie zu verwandeln, keine Alternative zur SPÖ.

Die größte bürgerliche Partei in Österreich, die ÖVP, ist eine Partei mit zwiespältigem Charakter. Ihr Wählerpotential besteht aus Wirtschaftstreibenden, Bauern und christlichsozialen Arbeitern und Angestellten, während ihr Führungskader gegenwärtig aus jungen Wiener Technokraten besteht. Obwohl diese Partei von Bauern und Unternehmern angeführt wurde, hat sie ununterbrochen, bis in die jüngste Vergangenheit, um Nazistimmen geworben. Als Bruno Kreisky im Jahr 1971 eine vorverlegte Wahl wagte, plazierte die ÖVP drei Nationalkonservative als Lockvögel auf sichere Plätze. *Karl Schleinzer*, damals ÖVP-Obmann, leugnete, daß dies „ein Ruck nach rechts“ sei, er sprach lieber von einem „Zusammenrücken aller freiheitsliebenden und sozial denkenden Demokraten“.[36]

Der Bundeskanzler fand die Nominierung dieser Rechtsgruppe als einen Beweis für die „faschistoide Gesinnung“ innerhalb der ÖVP. Die *Financial Times* erwartete, daß dies das letztemal sei, daß die österreichische Politik vom Geist der nationalsozialistischen Vergangenheit geleitet werde.[37]

Vier Jahre später, nach der Wahl vom 5. November 1975, schien es, als ob sich dieses britische Blatt geirrt hätte.

Die Freiheitliche Partei Österreichs (FPÖ), im Jahr 1955 auf den Grundlagen des VdU gegründet, präsentiert sich gerne als offizieller Vertreter des Liberalismus in

Österreich. Aber in Wirklichkeit ist diese Partei ebensowenig liberal, wie damals die NSDAP sozialistisch war. „Der Liberalismus in Österreich ist tot", sagte *Bruno Kreisky* unmittelbar vor der Wahl im Jahr 1970. „Die FPÖ ist keine liberale, sie ist eine konservative, in manchen Dingen sogar reaktionäre Partei. Uns verbindet nur wenig. Wie sollte sich eine sehr fortschrittliche Partei wie die unsere mit den Freiheitlichen politisch verbinden können?"[38]

Als fünf Jahre später Kreisky fürchtete, die absolute Mehrheit im Parlament zu verlieren, ließ er sich ganz sanft über die FPÖ aus, die mit ihren zehn Sitzen eine Schlüsselposition einnahm. In diesem Zusammenhang erzählte der Bundeskanzler von den Wahlen im Jahr 1927, als *Sigmund Freud*, *Alfred Adler*, *Robert Musil* und *Alban Berg* verkündeten, daß sie — obwohl keine Mitglieder der Sozialdemokratischen Partei — diese unterstützen werden. Ich führe diese Dinge vielleicht nicht ganz in der richtigen historischen Perspektive an, denn persönlich bin ich geneigt, Leute wie Freud, Adler, Musil und Berg nicht auf einer Linie mit denjenigen zu sehen, die sich 1977 in Österreich „liberal" nennen. So wie zum Beispiel *Hans Klement*, jahrelang FPÖ-Gemeinderat von Wien, der „höchstens aus opportunistischen Überlegungen" mit „dem Juden Kreisky" zusammenarbeiten würde, wie auch sein Kollege *Karl Peter*, ehemals Obmann des sogenannten „Antisemitenbundes", dann Vorsitzender der „Vereinigung gegen entartete Kunst". Auch FPÖ-Obmann *Friedrich Peter*, Ex-SS-Obersturmführer und somit — so meint er — ganz besonders geeignet, im Parlament den Stab über *Simon Wiesenthal* zu brechen. Auch *Heinrich Steinsky*, der im Gemeinderat von Linz die antisemitischen Kundgebungen gegen die Bühnenversion des „Tagebuchs der Anne Frank“ verteidigte. Auch der anonyme „Liberale“, der in einer FPÖ-Zeitung behauptete, daß es in Hitlers Konzentrationslager gar keine Gaskammern gegeben hätte. „Diese sind erst nach dem Krieg von den Alliierten in diese Lager gebracht worden, um den deutschen Soldaten zu diffamieren.“ Auch der FPÖ-Abgeordnete *Otto Scrinzi*, der in einem Interview feststellte, daß es nützlich wäre, wenn sich die „Minderbegabten sterilisieren lassen würden“. Auch *Tassilo Broesigke*, Rechts-Experte der FPÖ-Fraktion, als Rechtsanwalt in Österreich Vertreter der faschistischen *National-Zeitung* und jener Mann, der 1973 im Parlament die internationale Konvention gegen Rassendiskriminierung als unverträglich mit der freien Meinungsäußerung bezeichnete.[39]

In der Tat besteht die FPÖ aus zwei Flügeln. Der eine ist gekennzeichnet durch militanten Pragmatismus, Antisemitismus und Antisozialismus in der erprobten Tradition der Partei, nun aber nach zwei Jahrzehnten Opposition dermaßen hungrig nach der Regierungsverantwortung, daß er bereit ist, selbst vor dem verhaßten Sozialismus in die Knie zu gehen. Weiters findet man in der FPÖ den deutschnationalen Flügel, der nicht bereit ist, „sich mit den Sozialisten zu verkuppeln“.

Das Gesicht der FPÖ wird einmal vom gefügigen Opportunismus des einen Flügels geprägt, das andere Mal vom „Blut und Boden“-Idealismus des zweiten Flügels. Damit soll deutlich gemacht werden, daß ein politisches Bündnis zwischen dieser Partei und den Sozialisten *undenkbar* ist.

Proporz und Provinzialismus

Der erste Versuch der Installierung einer SPÖ-FPÖ-Regierung im Nachkriegsösterreich reicht bis in die fünfziger Jahre zurück und wurde vom damaligen Präsidenten des Österreichischen Gewerkschaftsbundes (ÖGB) *Franz Olah* unternommen. Olah war jahrelang einer der mächtigsten Männer der Innenpolitik. Seine Ministerschaft (Innenminister) in den Jahren 1963/64 sollte nur eine Zwischenstation auf dem Weg zum höchsten Regierungsamt sein. Als er 1964 gestürzt wurde, kam zutage, daß er die zentrale Figur einer Reihe von Skandalen war. Skandale, die sich immer im Grenzbereich zwischen Politik und Kriminalität abspielten, die dann aber doch dem Urteil der Richter unterworfen wurden. Es kam zu „einem Schlüsselprozeß in der Geschichte der Zweiten Republik", wie eine Zeitung schrieb.[40] Der Fall Olah zeigt nur, wie Österreich in dieser Periode von Machtstreben, Parteienherrschaft, Opportunismus und der Bereitschaft beherrscht war, mit dem Teufel selbst zu paktieren.

Olah wurde vor Gericht beschuldigt, daß er als ÖGB-Präsident etwa 20 Millionen Schilling für seine eigene Macht benützt hätte. Ein beträchtlicher Teil der Anklage konzentrierte sich auf die Unterstützung der *Kronen-Zeitung*, einem Boulevardblatt, das vom Revolverjournalismus lebt. Aber nicht nur allein diese Zeitung wurde subventioniert. So flossen auch zum Beispiel zirka

5 bis 10 Millionen Schilling in die Kasse der FPÖ. Ein ungewöhnliches Vorgehen seitens einer Arbeitnehmerorganisation gegenüber einer solchen Partei. Olahs Plan war, gestützt auf die FPÖ, die ÖVP aus der Regierung zu drängen, wobei dann Olah in einer SPÖ-FPÖ-Koalition Regierungschef werden sollte. Daß dies nicht nur ein persönliches Spiel eines Machthungrigen war, beweist die Tatsache, daß hohe SPÖ-Funktionäre wie *Bruno Pittermann* (damals Parteivorsitzender) und *Leopold Gratz* (derzeit Bürgermeister von Wien) bei dieser politischen Strategie beteiligt waren.

Olah wurde nicht nur als Minister gestürzt, sondern auch aus der SPÖ ausgeschlossen. Er beteiligte sich damals mit einer eigenen Partei, der „Demokratischen Fortschrittlichen Partei" (DFP), an der Wahl im Jahr 1966. Seine Wahlkampagne war speziell darauf ausgerichtet, die Wählerschaft der SPÖ zu spalten, wozu er öffentlich antisemitische Anspielungen machte. (Bei einer zu dieser Zeit gemachten Umfrage unter den SPÖ-Funktionären kam heraus, daß nicht weniger als 16 Prozent des sozialistischen Kerns der Meinung waren, Olah sei das Opfer von „Intrigen einer jüdischen und marxistischen Clique" gewesen.) Aber selbst diese damals nicht unpopuläre Art einer politischen Werbung reichte nicht aus, Olah ein politisches Comeback zu bereiten. Seine Partei erreichte zwar fast 150.000 Stimmen, aber durch das damalige Wahlrecht kein Mandat im Parlament. Diese Stimmen aber reichten aus, die SPÖ so zu schädigen, daß die ÖVP die absolute Mehrheit erreichte. So hat Olah doch seinem Land indirekt einen Dienst erwiesen. Denn Österreich wurde von der Großen Koalition befreit, in der das öffentliche Leben fortschreitend zu erlahmen drohte.

Diese Große Koalition — die Aufteilung der Regierungsmacht zwischen ÖVP und SPÖ — ist historisch der ersten Regierung nach dem Sturz der Monarchie (1918) nachgebildet. Der damalige sozialdemokratische Staatskanzler *Karl Renner* versprach im März 1919, daß aus dem Trümmerhaufen der Monarchie „eine Arbeitsgemeinschaft" der großen Parteien entstehen sollte. Diese Verbindung hielt genau 13 Monate. Die „Arbeitsgemeinschaft" zwischen Schwarz und Rot, die 1945 aus dem Trümmerhaufen des Dritten Reiches entstand, bestand dagegen zwanzig Jahre. Es war dies eine Periode, wo die Grenzen der Macht mit mathematischer Genauigkeit aufgeteilt wurden. Ein roter Minister bekam einen schwarzen Staatssekretär an seine Seite, und ein schwarzer Minister wurde garantiert von einem roten Staatssekretär überwacht. Dieses Proporzsystem reichte bis zur untersten Beamtenebene.

Es unterdrückte jeden Antrieb zu Kreativität und machte selbst die Beschaffung eines Brieföffners zu einem politischen Kompetenzkampf. Trotzdem knüpfte dieses System einigermaßen an ein sicheres, der österreichischen Mentalität entsprechendes Gefühl der Harmonie an. Diese Mentalität zeigt sich auch bei einer anderen Einrichtung, nämlich der Sozialpartnerschaft, dem gemeinsamen Organ der Faktoren Kapital und Arbeit, das die Probleme rund um die Löhne und Preise — ganz den Regeln eines korporativen Ständestaates folgend — durch eine Handvoll Funktionäre seitens der Arbeitgeber und der Arbeitnehmer zu klären hat. Diese Konstruktion wird in Österreich bereits als Selbstverständlichkeit angesehen, selbst als die Sozialisten 1970 die Alleinregierung übernahmen. Man muß aber auch ein wenig Aufmerksamkeit auf die negativen Seiten lenken: die Nivellierung der Klassengegensätze und die Aushöhlung der Position des Parlaments, das nur formell von den Verhandlungen betroffen wird. Darüber hinaus hat diese Art von Entscheidungen die Arbeiter mit totaler Passivität angesteckt. Sie zeigen wenig Interesse an gesellschaftspolitischen Fragen. Die Große Koalition ist nun, im Jahr 1977, seit elf Jahren Geschichte. Die Sozialpartnerschaft und der darin eingebettete soziale Friede garantieren, daß Österreich die wenigsten Streiks in Europa aufweist.

Zum Schluß soll ein dritter dominierender Faktor der österreichischen Politik angeführt werden: die verstaatlichte Industrie und die verstaatlichten Banken. Die Verstaatlichung wurde im Juli 1946 unter dem Eindruck der Besatzung durchgeführt und betraf die großen Banken (Creditanstalt-Bankverein, Österreichische Länderbank, Österreichisches Credit-Institut), den ganzen Bergbau (Kohle, Eisen, Erdöl), die Stahlindustrie, die Stickstoffindustrie, Teile der Elektro- und Maschinenindustrie und die ehrwürdige Donaudampfschiffahrtsgesellschaft.

Die Verwaltung in diesem Bereich geschah ebenfalls nach dem Proporzsystem. War ein Sozialist Generaldirektor der Länderbank, dann mußte ein ÖVPler es bei der Creditanstalt sein. Es ist klar: Die Regierungsparteien hatten eine beträchtliche Anzahl von Posten zu vergeben. Dies führte dazu, daß viele junge Österreicher, die Karriere machen wollten, einer der beiden Parteien beitreten mußten.

Auf dem Papier ist die SPÖ mit ihren 700.000 Mitgliedern zwar nicht die größte, jedoch die radikalste Partei innerhalb der europäischen Sozialdemokratie.

Fußend auf einer humanistisch-intellektuellen Variante des revolutionären Sozialismus, dem sogenannten Austromarxismus, hat sie die marxistische Ideologie länger als andere vergleichbare Parteien bewahrt. Als die SPÖ im Jahr 1945 nach jahrelangem Verbot wiedererstand, nannte sie sich nicht wie ihr Vorbild, die westdeutsche SPD, sozialdemokratisch, sondern sozialistisch. Auf dem Wiener Parteitag von 1958, auf dem das noch gültige SPÖ-Programm beschlossen wurde, machte *Benedikt Kautsky*, der Vorsitzende der Programmkommission, noch eine mit Beifall begleitete Verbeugung in Richtung eines „demokratischen Marxismus",[41] eine Geste, die damals bei Parteitagen der anderen sozialdemokratischen Parteien undenkbar gewesen wäre. Auf demselben Parteitag beschloß die SPÖ, ihr Ziel, nämlich eine „klassenlose Gesellschaft" anzustreben, beizubehalten. Dieser Wunsch ist seit damals auf dem Papier geblieben.

Als der Parteivorsitzende *Bruno Kreisky* gefragt wurde, ob er dieses Ziel noch wirklich ernst nehme, antwortete er: „Es muß das Ziel der in der Politik agierenden Sozialdemokraten sein, eine gesellschaftliche Lösung anzuvisieren, die uns diesem Ziel näherbringt. Die Religion verlangt ja auch, daß man schon auf Erden ein heiligmäßiges Leben führen soll, wissend, daß dies die meisten Menschen nicht praktizieren können. Auch die Zehn Gebote stellen ja kategorische Imperative auf."[42]

Das ist — wenn auch Kreisky das Wort nicht gerne hört — eine fast talmudische Redensart. Sie ist vor allem eine Antwort, die typisch für den Charakter des österreichischen Sozialismus ist, der sich nach einem seiner Theoretiker durch „. . . prinzipiellen Widerspruch zwischen Worten und Taten, das Vorhandensein eines praktischen Revisionismus bei strikter Aufrechterhaltung der revolutionären Phraseologie" kennzeichnet.[43] Und tatsächlich, nichts in der täglichen politischen Praxis der SPÖ läßt erkennen, daß diese Partei nach einer radikalen Umwandlung der Gesellschaftsstruktur strebt. In der langen Zeit der Zusammenarbeit mit der ÖVP wäre das noch einzusehen gewesen. Mit Nichtsozialisten kann man nun einmal schwierig ein sozialistisches Programm durchführen. Aber wo ist nun der sozialistische Eifer geblieben, wo doch nun die SPÖ schon länger als eine Regierungsperiode über die absolute Mehrheit im Parlament verfügt?

Daß es diesen sozialistischen Eifer immer noch nicht gibt, ist zu einem beträchtlichen Teil auf die personelle Zusammensetzung der Partei zurückzuführen. Als *Bruno Kreisky* 1967 zum Vorsitzenden der SPÖ gewählt wurde, geschah das nicht auf Antrag des „roten Wien", sondern auf Antrag der Vertreter der Länder Kärnten und Steiermark. Als er 1970 die relative und 1971 die absolute Mehrheit erhielt, war dies unter anderem der Tatsache zu verdanken, daß sich die bisher ÖVP-dominierten Bundesländer zum erstenmal an ein Experiment mit einem roten Bundeskanzler wagten. Und als der SPÖ-Anhang in den von Natur aus nicht zum Radikalismus neigenden Bundesländern wuchs, nahm auch die Bedeutung der Funktionäre aus Linz, Graz, Innsbruck, Salzburg und Klagenfurt zu, und sie streckten ihre Fühler nach der Wiener „Kommandozentrale" aus.

Es gab noch andere, nicht weniger bemerkenswerte Gründe. Die SPÖ-Regierung hatte weder mit einer außerparlamentarischen Opposition noch mit einem kritischen Gewerkschaftsbund zu kämpfen, und sie hatte keine Jungen: Die Jungen in der SPÖ sind qualifizierte und gemäßigt eingestellte Technokraten. Die SPÖ weist außerdem kaum einen linken Flügel auf: Die Rebellen aus den zwanziger und dreißiger Jahren (zum Beispiel der ehemalige revolutionäre Sozialist Bruno Kreisky) schlafen behaglich im wohligen Bett der Regierungsverantwortung. Die einzigen Opponenten auf den Parteitagen, hauptsächlich der Flügel der ehemaligen Widerstandskämpfer und Alt-Austromarxisten, werden von Jahr zu Jahr älter und bedeutungsloser. Die Theoretiker und Ideologen, die die SPÖ in ihrer austromarxistischen Periode prägten, sind durch Manager und Technokraten abgelöst worden („Vierzehnhundert Fachleute"), die von einem übermächtigen Parteiführer („Sonnenkönig" Bruno Kreisky) angeführt werden.

Die SPÖ hat sich von einer sozialistischen Partei in eine bürgerliche Partei mit Arbeiteranhang gewandelt. Die „Sozialpartnerschaft", die Ideologie des Wiederaufbaus, welche Karrieremöglichkeiten für Sozialisten und Nichtsozialisten eröffnete, hat das Streben nach einem anderen Gesellschaftsmodell verwischt. Theoretiker werden in der SPÖ jetzt mit Argwohn betrachtet. Sie können ihre Klagen in von kaum jemand gelesenen theoretischen Organen unterbringen, während inzwischen die Pragmatiker die Plakate mit nichtssagenden Wahlparolen wie „Sicherheit und eine gute Zukunft" versehen. Wenn man einen SPÖ-Funktionär fragt, was er als *Sozialist* anstrebt, dann wird man wahrscheinlich hören, daß er größere Toleranz, ein besseres Verhältnis zu den Mitmenschen, ein besseres Verhältnis zu den Nachbarstaaten und die Gleichstellung von Mann und Frau verlangt.

In Sachen Sexualität kann die SPÖ noch etwas Liberalität für sich buchen: Sie war die treibende Kraft der Straffreistellung der Homosexualität und hat in der Regierungsperiode 1971/75 die Abtreibung freigegeben. Jedoch in Sachen Kultur hat sich die SPÖ ganz den Normen der bürgerlichen Moral gefügt. „Während sich Sozialisten in den zwanziger Jahren voll Stolz mit allem identifizierten, was auf dem Gebiet der Kunst radikal und fortschrittlich war", schreibt der österreichisch-amerikanische Politologe *Kurt L. Shell*, „herrscht heute unter Führern und Mitgliedern eine spießbürgerliche Gleichgültigkeit oder sogar Feindseligkeit gegenüber jedem künstlerischen Experiment vor."[44] Das ist eines der vielen Symptome, die *Josef Hindels* „geistigen Provinzialismus, in dem die strahlenden Ideale der internationalen Solidarität verkommen sind", nannte.

Als sich in der Welt immer mehr Menschen — seien sie Linke oder Rechte — gegen die Art wandten, wie die USA die Völker von Indochina ausrotteten, verbreitete Gewerkschaftspräsident *Anton Benya* noch immer die Geschichte, daß die Nordvietnamesen die Angreifer seien, während der SPÖ-Vorsitzende *Bruno Kreisky* zu einer Vergatterung der Sozialistischen Internationale aufrief, „zur Solidarität mit den amerikanischen Freunden, die man nicht verstimmen dürfe".[45]

So ist Österreich, ungeachtet der Alleinregierung der Sozialisten, eines der konservativsten Länder Europas geblieben.

Der Pakt mit dem Teufel II

Konservativismus, Karrierestreben und Opportunismus sind bekanntlich keine exklusiven Kennzeichen der österreichischen Sozialisten. Diese Erscheinungen geben auch keine vollständige Antwort auf die Frage, wie es dazu kam, daß die SPÖ so nach rechts abgeschwenkt ist, so stark, daß sogar ein ernsthaftes Gespräch über das Für und Wider einer Bundesgenossenschaft mit jener Gruppe möglich wurde, die sich in diesem Land „liberal" nennt.

Es ist jetzt in der Tat mit der SPÖ einiges los.

Vor dem Krieg war die ungefähr 200.000 Personen zählende jüdische Gemeinde in Österreich größtenteils in der Sozialdemokratischen Partei organisiert. Sie stand auf dem linken Flügel und hatte großen Einfluß in organisatorischer wie auch in ideologischer Hinsicht. Von den 200.000 Juden wurden 60.000 ermordet, die übrigen blieben im Ausland, wohin sie nach dem „Anschluß" geflohen waren.

Der Anschlag auf das österreichische Judentum bedeutete nun in der Praxis, daß der linke, intellektuelle Flügel der Partei stark dezimiert worden ist. Der Rest waren die Rechten, die in den Jahren vor dem Ständestaat nur eine Minderheit waren und gegen all das reagiert hatten, was revolutionär und antikapitalistisch war. Sie haben nun still und geräuschlos die führenden Positionen in Partei und Regierung übernommen.

Karl Renner, Prototyp eines gegenüber dem Staat positiv eingestellten Sozialdemokraten, wurde erster Staatskanzler und Bundespräsident nach dem Zweiten Weltkrieg. *Adolf Schärf*, Schöpfer der Theorie der „permanenten Koalition“ mit der ÖVP, wurde sein Nachfolger als Staatsoberhaupt. Innenminister *Oskar Helmer*, ein Pragmatiker aus Niederösterreich, war der Mann, der überlegte, wie man das Stimmenpotential der Nazis für die SPÖ ausnützen könnte. *Karl Waldbrunner* wurde am 8. November 1949 Bundesminister für Verkehr und verstaatlichte Betriebe und konnte in dieser Funktion nach dem Proporzsystem eine große Zahl von Leitungsfunktionen vergeben. Waldbrunner rekrutierte sie zu einem beträchtlichen Teil aus der Gruppe des Verbands Sozialistischer Studenten, den es schon vor dem Ständestaat gegeben hatte. Dieser Verband hatte damals zwei Flügel: den linken der — meistens — jüdischen Theoretiker und den rechten der meistens nichtjüdischen Technokraten (wie Waldbrunner selbst). In der Zeit, als die Juden vergast wurden, bekleideten nichtjüdische Sozialisten in der gleichgeschalteten „Ostmark“ unter vielen Gewissensnöten oft wichtige Positionen, nicht selten von der Führung der NSDAP gefördert. „Sie stießen nach 1945 wieder zur Sozialistischen Partei, wo sie Teil der wachsenden Schicht der sozialistischen Manager wurden, die das Profil der Arbeiterbewegung nach dem Krieg so einschneidend beeinflußten“, stellte *Kurt L. Shell* fest.

Warum sollte die plötzlich heimatlose Intelligenz der Nationalsozialisten woanders hin? Zur ÖVP? Die war keine attraktive Gruppe. Denn erstens sind viele Nationalsozialisten aus der Kirche ausgetreten — und wenn sich auch die Führung der ÖVP der katholischen Kirche nicht verpflichtet fühlt, so war es der Karriere trotzdem nützlich, wenn man regelmäßig die Sonntagsmesse und andere kirchliche Feierlichkeiten besuchte. Weiters hat die christlichdemokratische Intelligenz den Zweiten Weltkrieg besser überstanden, daher waren in der ÖVP beträchtlich weniger Posten frei. Bei der SPÖ lagen die Dinge anders. Da die Nazis ihren Kern dezimiert hatten, war es schwierig, durch den Proporz die Posten mit qualifizierten Personen zu besetzen. In der Zeit der Großen Koalition wurden von der SPÖ zirka 20.000 Funktionen vergeben (gegenwärtig sind es nach Schätzungen zweimal soviel). Mehr als die Hälfte sind dann der Partei beigetreten (in den Bundesländern liegt diese Zahl bei 70 Prozent).[46]

So zeigten plötzlich viele Nazis nach 1945 ihr großes Interesse für den sozialistischen Kampf um ein gerechtes Zusammenleben. *Kurt L. Shell* weist in diesem Zusammenhang auf das spektakuläre Wachstum des Bundes Sozialistischer Akademiker (BSA) im ersten Jahrzehnt nach dem Krieg hin: Trotz des erzwungenen Ausfalls der jüdischen Intelligenz erhöhte sich die Mitgliederzahl dieser SPÖ-Teilorganisation von 2340 im Jahr 1947 auf 9864 im Jahr 1955. Nicht von ungefähr trug der BSA in diesen Jahren den Spitznamen BSS, eine wenig freundliche, jedoch vielsagende Anspielung auf die Tatsache, daß viele österreichische Akademiker in kurzer Zeit ihre Weltanschauung geändert hatten.[47]

Im Jahr 1947 wurde die Bestimmung, daß kein ehemaliges NSDAP-Mitglied SPÖ-Funktionär werden darf, aus den Parteistatuten gestrichen.[48] Mit den Namen der Justizminister *Otto Tschadek* und *Christian Broda* war in großem Ausmaß die Tatsache verbunden, daß die Verfolgung der Kriegsverbrecher entweder mit milden Urteilen oder Freisprüchen endigte. Das sozialistische Erbe der Vergangenheit machte einem beschränkten Provinzialismus Platz. Zwei charakteristische Beispiele: Ein SPÖ-Mitglied klagte: „Unter den Leuten im Trachtenanzug, die eine militärische Haltung einnehmen, wenn bei einer Kriegerdenkmalenthüllung das Lied ‚Ich hatt' einen Kameraden' ertönt, befinden sich vielfach auch unsere Genossen, und das ist ein Tabu, das nach Ansicht mancher Landesparteiorganisationen nicht angerührt werden darf."[49] Ein anderes SPÖ-Mitglied schrieb der *Arbeiter-Zeitung* einen Leserbrief, der nachfolgenden Absatz enthielt: „Das Buhlen um die Stimmen der ‚Ehemaligen' und ‚Nationalen', also von Leuten, die noch immer einer nicht wiederkehrenden Welt angehören, kann bestenfalls kurzfristigen Erfolg bringen. Aber andererseits werden wirklich Liberale und Österreichbewußte vor den Kopf gestoßen. Ich bin als Sozialist, Demokrat und Österreicher über diese Entwicklung zutiefst besorgt." Bei der Veröffentlichung dieses Briefes wurde dieser Absatz gestrichen, weil — so ließ der Chefredakteur dieses Parteiblattes schriftlich wissen — eine solche Kritik „für viele unserer Parteigenossen unverständlich ist, umsomehr, als sich auch der Parteivorstand mit der Materie bisher nicht befaßt hat". Dieser Brief stammte nicht, wie man vielleicht glauben könnte, aus dem Jahr 1945 oder 1946, sondern wurde im Dezember 1975 geschrieben.[50]

So versuchte eine veränderte SPÖ die Nationalsozialisten einzufangen. Man wollte sie auch noch günstig stimmen, indem man die anderthalb Juden, die übriggeblieben waren und sich aus Treue der SPÖ angeschlossen hatten, so grob als möglich behandelte. Als die österreichischen Juden versuchten, eine „Wiedergutmachung“ für das, was sie im Krieg verloren und erlitten hatten, zu verlangen, war es hauptsächlich die SPÖ, die dagegen war mit dem Argument, daß ja dann auch die Opfer des Bürgerkrieges von 1934 einen Schadenersatz bekommen müßten, eine Forderung, die für die ÖVP, der Nachfolgerin der Christlichsozialen Partei, absolut unannehmbar war. Als dann am Beginn der sechziger Jahre, hauptsächlich durch Druck aus dem Ausland, die Wiedergutmachung endlich begann, war die Hälfte der betroffenen Juden bereits verstorben.

Auch die Juden, die nach England, in die Vereinigten Staaten oder nach Skandinavien geflohen waren, wurden schlecht behandelt. Es bestanden Anweisungen, daß die SPÖ ihre Rückkehr verhindern sollte. *Julius Braunthal*, ein führender Vorkriegssozialdemokrat, schreibt in seinem Buch *The Tragedy of Austria*: „In dem ersten Schreiben, das die Führer der wiedererstandenen Österreichischen Sozialistischen Partei an ihre geflohenen und im Ausland lebenden Kameraden (darunter viele Juden) sandten, wurde unverblümt festgestellt, daß die Rückkehr einer großen Zahl von Juden nach Österreich mit Besorgnis aufgefaßt werden würde.“[51] Bereits in einem früheren Stadium fürchteten die neuen Führer der SPÖ offensichtlich, daß ein zu großer Prozentsatz von Juden die Annäherung der Sozialisten von jetzt und der Nationalsozialisten von gestern behindere.

Und auch der jüdische Emigrant *Bruno Kreisky* hat offenbar von der Wiener Parteizentrale den Wink bekommen, daß er beim Wiederaufbau nach dem Krieg in Österreich nicht erwünscht sei. Es existiert ein mit 1. April 1946 datierter Brief aus seiner Hand mit den folgenden bitteren Worten: „Ich schreibe Dir das alles, um Dir zu sagen, daß ich nicht die Absicht habe, zu einer peinlichen Verlegenheit für die Partei zu werden. Die Partei hat mir gegenüber keine Verpflichtung, sie hat sich auch kaum sehr angestrengt, meine Rückkehr zu ermöglichen."[52]

1951 kehrte Kreisky nach Österreich zurück, wo er sich im Lauf der Jahre so mit der Versöhnungspolitik seiner Partei identifizierte, daß er 19 Jahre später Kanzler einer sozialistischen Regierung werden konnte, in der mehr Nazis saßen als in allen vorangegangenen nichtsozialistischen Regierungen, das Anschlußkabinett *Seyß-Inquart* vielleicht ausgenommen.

Der erste Konflikt

Am 1. März 1970 gewann die SPÖ die Nationalratswahlen, und einige Wochen später bildete *Bruno Kreisky* die erste sozialistische Alleinregierung in der Geschichte Österreichs. Kurze Zeit vorher, im Oktober 1969, war *Willy Brandt*, der seinerzeit nach Norwegen emigrieren mußte, in der Bundesrepublik Deutschland an die Regierung gekommen. Nun gab es in Wien eine ähnliche Machtübernahme in der Person des jüdischen Emigranten Bruno Kreisky. Damit war für viele der Nationalsozialismus endgültig tot. Jedenfalls schien es zunächst so.

Aber die veränderte personelle Struktur der SPÖ wirkte sich auch in der neuen Regierung aus. Der Bautenminister *Josef Moser* war Mitglied der NSDAP. Der Landwirtschaftsminister *Hans Öllinger* war ein ehemaliger SS-Untersturmführer. Sein Nachfolger *Oskar Weihs* (Öllinger war nach vier Wochen aus „gesundheitlichen Gründen" zurückgetreten) war nur einfaches NSDAP-Mitglied gewesen, ebenso der Verkehrsminister *Erwin Frühbauer*. Der Verteidigungsminister *Hans Freihsler* war Generalstabsoffizier in der Hitler-Armee. Der Innenminister *Otto Rösch* war nicht nur bei der NSDAP und der SA, er wurde auch nach dem Krieg unter dem Verdacht neonazistischer Betätigung acht Monate eingesperrt. Er und seine Helfer wurden damals von der *Arbeiter-Zeitung* als „skrupellose Verbrecherbande" bezeichnet.[53]

Einen Teil dieser Enthüllungen veröffentlichte der Hamburger *Spiegel*, einen anderen Teil die Wiener katholische Wochenzeitung *Furche*. Der wichtigste Informant dieser beiden Blätter aber war *Simon Wiesenthal*.

Bruno Kreisky hatte damals wenig von den Absichten des Leiters des Jüdischen Dokumentationszentrums begriffen. Er reagierte mit einem Ausspruch, der seine Popularität bei den „Ehemaligen" schlagartig verdreifachen sollte: „Ich warte nur darauf, bis Herr Wiesenthal nachweist, daß auch ich bei der SS gewesen bin."[54]

Im Juni 1970 mischte ich mich als Außenstehender in die Debatte ein. Ich vereinbarte ein Interview mit dem neuen Bundeskanzler. Als Einstimmung besuchte ich ein paar Tage vorher den SPÖ-Parteitag in der Wiener Stadthalle. Hier führten die Delegierten verwirrte Diskussionen über ebenso verwirrende Programmpunkte; das war damals der Eindruck, den ich hatte. Doch plötzlich gab es auf diesem Parteitag eine dramatische Wendung. Ein jüngerer Mann, ein ehrgeiziger Typ, erklomm das Podium und stellte die Causa Wiesenthal zur Diskussion. Es war das *Leopold Gratz*, damals Unterrichtsminister und Zentralsekretär der SPÖ, später Fraktionsvorsitzender der SPÖ im Nationalrat und jetzt Bürgermeister von Wien. Ich war überrascht — ich erinnere mich noch genau, wie befremdend es für mich war —, ausgerechnet von einem Sozialisten zu hören zu bekommen, daß das Dokumentationszentrum Wiesenthals ein Femegericht sei. Was war das für ein Ton? War ich vielleicht zufällig aufgrund geographischer Unkenntnisse zur Jahresversammlung eines deutschnationalen Traditionsverbands gekommen? Nein, ich befand mich tatsächlich mitten in der versammelten Führungsspitze der österreichischen

Sozialdemokratie. Und Gratz hörte nicht auf: „Die Weise, wie man SPÖ-Funktionären versucht, eine Nazi-Vergangenheit zuzuschreiben, nimmt langsam groteske Formen an, und man wartet nur mehr auf den Tag, daß man zu beweisen versucht, daß auch unser Vorsitzender Dr. Kreisky einmal Mitglied der NSDAP gewesen sein soll." Das war His Masters Voice und seines Meisters Humor, und das paßte den Delegierten ausgezeichnet, wie der laute Beifall zeigte, den der Redner erhielt.

Danach ergriff ein älterer Mann das Mikrophon und rief mit sich überschlagender Stimme, daß seine Partei, die SPÖ, langsam „ganz von den Nazis überwuchert wird". Dieser Sprecher — es war der ehemalige Widerstandskämpfer *Josef Hindels* — erhielt dagegen wenig Beifall. „Der magere Applaus nach seinen Worten beweist, daß das Herz der Partei nicht mehr für jene schlägt, die die Partei gebaut und für sie gelitten haben", so stand es später im jüdischen Monatsblatt *Der Ausweg*.[55]

Nach diesem Parteitag wurde diese Angelegenheit auf einer Pressekonferenz besprochen. Stand Kreisky hinter den Angriffen von Gratz? wollte jemand wissen. „Vollinhaltlich", antwortete der Bundeskanzler.

Mein Gespräch mit Kreisky fand am 17. Juni 1970 im Kanzlerzimmer des Parlaments statt. Er machte auf mich den Eindruck, ein kleiner, freundlicher Mann zu sein, mit rosigem Lockenhaar und den fleischigen Wangensäcken des Wohlfahrtsstaates.

Ich fragte, was sich in Österreich, einem Land mit 660.000 „Ehemaligen", unter einem jüdischen Bundeskanzler ändern würde. Mit hochgezogenen Augenbrauen fragte mich Kreisky, wie ich denn auf die Zahl 660.000 gekommen wäre. Er meinte, daß es in Österreich ungefähr 440.000 NSDAP-Mitglieder gegeben hätte, denn ein Dokument beweist, daß die Alliierten im Jahr 1947 auf eine geschätzte Zahl von 594.353 gekommen seien.

„Das sind aber dann doch mehr als die vorhin angenommenen 440.000", warf ich ein.

„Einen Moment, ich bin noch nicht fertig", sagte Kreisky. „Sicher waren 100.000 bis 150.000 von ihnen kein Mitglied der NSDAP, sondern sie waren beim Nationalsozialistischen Kraftfahrkorps (NSKK) oder beim Nationalsozialistischen Frauenkorps (NSFK), also bei Vereinen normaler Art."

Wir sprachen weiter über die geringen Möglichkeiten einer Minderheitsregierung, über die strafrechtliche Liberalisierung der Homosexualität, über die Frage der schwarzen Beamten bei einer roten Regierung und über den Sozialismus mit einem menschlichen Gesicht der einige Zeit vorher gleichgeschalteten Tschechoslowakei.

Dann sagte ich, daß ich sehr von der aggressiven Art erschrocken war, wie *Leopold Gratz* auf dem SPÖ-Parteitag gegen *Wiesenthal* vorgegangen sei. Und ich zeigte meinem Gastgeber die jüngste Nummer der *Wochenpresse*, in der stand, daß die SPÖ nun die Jagd auf Wiesenthal eröffnet hätte.

„Unsinn", sagte Kreisky mit plötzlicher Heftigkeit. „Wir machen keine Jagd auf Wiesenthal. Sie sind in Holland über die Aktivitäten des Ing. Wiesenthal schlecht aufgeklärt. Es wird nur diskutiert über die Wichtigkeit der persönlichen Freiheit des Menschen; wie kann man es vereinbaren, daß eine Privatorganisation die Menschen so belauern kann? Hier kann man nicht zuschauen. Wiesenthal ist ein jüdischer Faschist. Die Art, wie er unserem Innenminister Otto Rösch nach so langer Zeit die Mitgliedschaft bei der HJ vorgeworfen hat... Nein, Ing. Wiesenthal ist ein sehr reaktionärer Mensch, der der ÖVP nahesteht. Glücklicherweise ist er reaktionär, glücklicherweise findet man unter uns Juden auch Reaktionäre, ebenso wie man bei uns Juden Diebe, Mörder und Prostituierte findet. So gehört es sich auch. Aber alles in allem finde ich die Angelegenheit Ing. Wiesenthal nicht so wichtig."[56]

Als ich aber Ende Juni die deutsche Übersetzung dieses Interviews, welches Kreisky zur Autorisierung vorgelegt worden war, aus Wien zurückbekam, war ich kaum verwundert, daß der Interviewte seine krassen Äußerungen über Wiesenthal unangetastet gelassen hatte. Warum auch nicht? Der österreichische Bundeskanzler hat immer wieder betont, daß er bereit war, einer Kritik standzuhalten, zum Beispiel, daß in seiner Regierung 40 Prozent ehemalige Nazis säßen.

Die Ausgabe von *Vrij Nederland*, die dieses Interview brachte, erschien am 1. Juli 1970. Daraufhin kam es zu einem weltweiten Konflikt. Zehn Tage nach dem Erscheinen reagierte Kreisky, und er tat, was alle Politiker tun, wenn sie ihren Mund zu voll genommen haben: er dementierte.

Warum kam dieses Dementi so spät? Es kam, als die angesehene Schweizer Wochenzeitung *Die Weltwoche* meldete, daß in SPÖ-Kreisen fieberhaft Recherchen angestellt würden, ob es seinerzeit in Polen nicht eine jüdisch-faschistische Organisation gegeben haben könnte (Wiesenthal war gebürtiger Pole). „Tatsächlich fand sich eine Spur; es existierte eine Jugendgruppe, deren Mitglieder graubraune Blusen und blaue Hosen trugen. Diese Gruppe hieß Betar, aber — ‚leider' gehörte ihr

Wiesenthal nicht an; zudem war sie gar nicht faschistisch."[57]

Die Suche brachte nichts ans Licht, so wurde dem Bundeskanzler berichtet. Darauf beschloß Kreisky, daß er nichts von dem, was er gesagt hat, gesagt habe.

Das waren aufregende Wochen, nicht zuletzt für den, der Kreiskys offenherzige Worte notiert hatte. Was ist das doch für eine merkwürdige Erfahrung, zu sehen, wie plötzlich ein ganzer Staatsapparat gegen jedes Wort mobilisiert wird: Parteizeitung, Parteifunktionäre, Polizei, Rechtsanwälte, das alles unter der persönlichen Anführung des Bundeskanzlers.

In diesen Tagen fand meine erste Begegnung mit *Simon Wiesenthal* statt, der sich selbstverständlich mit seinem ganzen Einfluß — durch Erklärungen, Interviews und Anzeigen — in den Konflikt geworfen hatte. In seinem Büro lag das faustdicke Dossier, das er über die vielen Reaktionen angelegt hatte, die aufgrund des Angriffes von Kreisky und Gratz gekommen waren. „Wann habe ich endlich in der Welt einen besseren Namen als durch Bruno Kreisky bekommen", sagte Wiesenthal. Er blätterte in dem Stoß von Briefen und Telegrammen, von der Belgischen Liga für Menschenrechte, vom Centro di Documentazione Ebraica Contemporana, vom Jewish Mans Club, vom Verband Demokratischer Widerstandskämpfer und Verfolgter, von Survivors of Nazi-Camps and Resistance Fighters, vom Internationalen Robert-Stolz-Club usw. Die Schweizer Pianistin *Christa von Heyderbach und der Lasa* berichtet vom „Zorn der freien Welt" — „und aufgrund meiner persönlich getanen Äußerungen weiß ich, daß der frühere deutsche Bundeskanzler *Dr. Kiesinger* mit mir eins ist".

Ein Amerikaner telegraphierte: „Please answer my question, is mr. Gratz a socialist or a nationalsocialist?“

Die Zahl der Protestbriefe, die in diesen Tagen das Bundeskanzleramt erreichten, wurde von Insidern mit 600 bis 800 bekanntgegeben. „Kreisky kann jetzt eine Markensammlung anlegen“, sagte Wiesenthal.

Was finde er an Kreiskys Auffassung, daß alle Ämter in Österreich den Nazis offenstehen sollen, wenn sie sich nicht an Verbrechen schuldig gemacht haben? fragte ich.

„Ich begreife ganz gut, daß man eine halbe Million Menschen aus dem öffentlichen Leben nicht werfen kann“, sagte Wiesenthal. „Denn ich vertrete die Auffassung: Die Nazis mögen leben, die Nazis mögen sterben, aber die Nazis sollen uns nicht regieren. Die Nazis sitzen ohnedies in allen öffentlichen Ämtern — auch unter Kreisky —, denn wenn er sie sogar zu Ministern macht, dann bekennt er, daß eine gänzliche Freisprache von der moralischen Schuld geschehen soll. Ich bin gegen die Theorie einer Kollektivschuld, aber ich bin auch gegen die Theorie einer kollektiven Unschuld.“

Er beschrieb den Fall des Obersturmbannführers der SS-Leibstandarte „Adolf Hitler“, von dem behauptet wurde, daß er an der Ermordung einer jüdischen Familie in einem Dorf am Lago Maggiore beteiligt war. Der Mann wurde in Österreich freigesprochen, nach einer Berufung wurde jedoch die Sache wieder aufgenommen. „Dieser Mann ist jetzt Direktor einer Schule. Dieser Mann ist verantwortlich für die Erziehung der Jugend. Das soll sich vertragen? Fällt dieser Mann unter die Kategorie jener Menschen, denen alle Ämter offenstehen, sofern sie keine Verbrechen begangen haben, wie Kreisky sagt?“ Er führte ein zweites Beispiel an: Es betraf jenen Mann, der — mit dem Kriegsverdienstkreuz ausgezeichnet — kurz vor Ende des Krieges Juden an den SD verriet, der sie dann erschossen hatte. „Nun, dieser Mann ist in Italien in Abwesenheit zu ‚lebenslänglich' verurteilt worden. Denn in Wien wurde diese Sache auf die lange Bank geschoben. Dieser Mann steht im Dienst der Wiener Polizei." Er erzählte von dem Arzt, der an der Schwelle zur Gaskammer von Auschwitz die Selektion der Opfer vornahm und der nun eine hohe Funktion in der Wiener Krankenkasse bekleidet — dank der Hilfe der Sozialisten. „Ich habe dem Direktor dieser Krankenkasse, ein Jude nebenbei bemerkt, gesagt, daß dieser Mann sofort entlassen werden müßte. Seine Antwort war, daß er nichts lieber als das tun würde, aber er könne nicht, das will die Partei nicht." Und erregt fuhr er fort:

„Wer, ausgenommen ich, präsentiert in Österreich Leuten dieses Schlages noch die Rechnung? Das sind doch keine unschuldigen Menschen, die ich bestraft sehen will! Das sind doch Verbrecher! Ich kann doch nichts dafür, daß diese Rechnung nicht in das parteipolitische Konzept der SPÖ paßt."

Wir sprechen in seinem Auto in der Nähe jenes Rechtsanwaltes, der in seinem Auftrag ein mögliches Loch im Panzer der politischen Unverletzlichkeit aufspüren solle, die Kreisky und Gratz gegen eine Strafanklage schützt. „Ich bin Kreiskys Bösewicht", sagt Wiesenthal. „Er ist vom jüdischen Selbsthaß beherrscht. Wissen Sie, daß er in dem Interview in *Vrij Nederland* das erstemal seit Jahren den Ausdruck ‚wir Juden' verwendete! Er weiß nur zu gut, daß der Begriff ‚Jude' in den Niederlanden weitaus besser angeschrieben ist als in Österreich. Kreisky gebraucht sein Judentum nur für den Export."[58]

Der Konflikt dauerte noch einige Wochen. Es gab Stimmen, die SPÖ aus der Sozialistischen Internationale auszuschließen. Vor der österreichischen Botschaft in den USA wurde demonstriert, für Wiesenthal und gegen Kreisky. Der angegriffene Kanzler ließ wissen, daß er beim 25. Jahrestag der Gründung der Vereinten Nationen nicht anwesend sein werde. Eine Anzahl amerikanischer Juden hatte nämlich bekanntgegeben, daß sie, sollte Kreisky kommen, gegen ihn demonstrieren würden. Die *Arbeiter-Zeitung* bemerkte triumphierend, daß das Originalmanuskript des Interviews bei einem Brand verlorengegangen ist.[59]

Dann nahm die Angelegenheit eine unverhoffte Wendung. Kreisky teilte der Wiener *Wochenpresse* in einem Interview mit, daß er den Ausdruck „jüdischer Faschist" tatsächlich gebraucht habe. Diese Qualifikation hätte keinen Bezug zur Person *Simon Wiesenthals*, sagte er, sondern er meinte die jüdischen Faschisten innerhalb der zionistischen Bewegung. „So sei etwa der sozialdemokratische Zionist Arloseoroff angeblich von rechtsradikalen Juden ermordet worden."[60]

Seit dem Interview mit *Vrij Nederland* waren inzwischen zwei volle Monate verstrichen, in denen Kreisky dreimal offiziell erklärt hatte, daß er den Ausdruck „jüdischer Faschist" überhaupt nicht in den Mund genommen hätte.

Die Strafanzeigen schliefen ein. Kreisky nahm seine Regierungsarbeit wieder auf. Wiesenthal wehrte sich zwar weiter, doch die Sache war vorbei. Was blieb, war die nun offenbar gewordene Feindschaft zwischen jenem Mann, der die Nazis protegierte, und dem Mann, der die Naziverbrecher hinter Gittern sehen möchte.

Simon Wiesenthal I

Seine Feinde, Bundeskanzler Kreisky voran, bezeichnen Simon Wiesenthal als „Fanatiker", „Rächer" oder „Menschenjäger". Das sind falsche Beschuldigungen, wie es zum Beispiel aus dem Fall *Franz Murer* zu ersehen ist.[61]

Murer ist der Mann, dem die Überlebenden die Schuld am Tod von etwa 80.000 litauischen Juden geben. Nach dem Krieg wurde er an die Russen ausgeliefert, die ihn 1949 zu 25 Jahren Gefängnis verurteilten. Er saß bis 1955 und wurde dann freigelassen. Das war eine der Folgen des Staatsvertrages, in dem unter anderem festgelegt wurde, daß alle kriegsgefangenen Österreicher aus Rußland heimkehren sollten, mit der Verpflichtung, eine strafrechtliche Verfolgung gegen diejenigen einzuleiten, die dafür in Betracht kommen. So auch gegen Franz Murer, der als *Schlächter von Wilna* bekannt war. Das Justizministerium ging aber davon aus, daß die russischen Gefängnisse dreimal ärger als die österreichischen sind, so daß Murer in Wirklichkeit nicht 7, sondern 21 Jahre gesessen sei. So ließen sie diesen Kriegsverbrecher ungeschoren.

Simon Wiesenthal fand diese Rechnung aber etwas grotesk und sammelte viele Zeugen über Murers Verbrechen, so daß die Justiz nicht mehr aus konnte. So kam die Sache im Jahr 1963 neuerlich beim Landesgericht Graz zur Verhandlung.

Das Innenministerium hatte von Amts wegen einige Zeugen vorgeladen. So zum Beispiel *Towa Rajzman* aus Tel Aviv, die erzählte, wie Murer ihre Schwester erschossen hat, weil diese Frau um ein Stück Brot bei einer Mitgefangenen bat. So *Israel Sebilski* aus München, die erzählte, wie ihr vierzehnjähriger Sohn gnadenlos von Murer mißhandelt wurde, so daß das Kind seine beiden Beine verlor. So auch *Jakob Brodi*, der nach dem Krieg nach New Jersey emigrierte und noch jeden Tag von dem schrecklichen Vorfall beim Tor des Ghettos von Wilna träumt. An diesem tragischen Tag wurden zwei Gruppen gebildet, eine Gruppe von Juden, die zur Zwangsarbeit eingeteilt wurde, und eine andere Gruppe, die erschossen werden sollte. Jakob Brodi befand sich in der ersten Gruppe und sein siebzehnjähriger Sohn in der zweiten. Dieser versuchte auf ungeschickte Weise von der zweiten Gruppe zu seinem Vater zu gelangen. Mehr brauchte Murer nicht. Er schlug ihn zu Boden, zog seine Pistole und erschoß ihn vor den Augen des wehrlosen Vaters.

Jakob Brodi hatte sich zuerst geweigert, nach Graz zu kommen. Er konnte den Gedanken nicht ertragen, Murer ins Gesicht sehen zu müssen. Aber er müsse, so schrieb Wiesenthal ihm. Er war dem Toten verpflichtet, damit die Lebenden das bekommen, was ihnen gebührt.

Brodi und Wiesenthal trafen sich in Graz in einem Hotelzimmer.

„Ich höre, daß Murers Frau und seine zwei Söhne im Gerichtssaal in der ersten Reihe sitzen und daß sie Zeugen auslachen“, sagte Brodi.

Wiesenthal nickte.

„Das Lachen soll ihnen vergehen“, sagte Brodi. „Ich bin nicht hierhergekommen, um als Zeuge auszusagen, sondern um etwas zu tun." Er öffnete sein Sakko und zog ein Messer heraus. „Murer hat vor meinen Augen meinen Sohn erschossen. Nun werde ich ihn töten, vor den Augen seiner Frau und seiner Kinder."

Wiesenthal schwieg. Dann sagte er: „Haben Sie die Bibel gelesen? Sie kennen das Fünfte Gebot: ‚Du sollst nicht töten!' Ich würde es gerne sehen, wenn nicht Sie wegen Mordes verurteilt werden, sondern Murer..." Und er erzählte ihm von seinen Motiven, die ihn veranlaßt hätten, sein Leben der Demaskierung der NS-Henkersknechte zu widmen. Die Gründe dafür liegen nicht im Haß und in der Rache, sondern eindeutig in der Gerechtigkeit. „Noch immer muß ich weinen, wenn ich höre, was sie mit den Kindern in den Konzentrationslagern gemacht haben. Ich habe auch geweint, als ich las, was mit Ihrem Sohn geschehen ist. Er hätte auch mein eigenes Kind sein können. Ihr Kind ist mein Kind. Glauben Sie wirklich, daß ich mein Werk so fortsetzen könnte?"

Er packte Brodi an den Schultern. Sie standen beide eine Zeitlang regungslos gegenüber und schauten sich in die Augen. Als Wiesenthal und Brodi ein paar Minuten später das Hotelzimmer verließen, hatte das Messer einen neuen Besitzer...

Am folgenden Tag machte Brodi seine Zeugenaussage. Er sprach mit monotoner Stimme und blickte Murer nicht einen Augenblick an. Im Saal war es still. Selbst der leise Spott auf den Lippen der Söhne Murers war erloschen.

Eine halbe Woche später wurde das Urteil gefällt. Der Spruch lautete „Nichtschuldig". Murer war ein freier Mann und verließ unter Beifall das Gerichtsgebäude.

Dieser Prozeß ist kennzeichnend, wie Österreich seine Kriegsverbrecher verfolgt. Darüber hinaus erwies sich auch die Besonnenheit des „Fanatikers", „Rächers" und „Menschenjägers" Wiesenthal.

Ist es nicht eine Ironie des Schicksals, daß gerade er Murer das Leben rettete? Nachdem Eichmanns Transportchef *Franz Novak* freigesprochen wurde, ließ ein junger Israeli, dessen Eltern durch Novak nach Auschwitz verschleppt wurden, wissen, daß er dem Freigesprochenen eine Kugel in den Kopf jagen wolle. Wiesenthal sprach so lange auf den jungen Mann ein, bis dieser der Überzeugung war, daß selbst ein falsches Gerichtsurteil einem Tropfen vergossenen Blutes vorzuziehen ist. Nach dem Krieg meldeten sich regelmäßig Juden in Wiesenthals Büro, um die Namen und Adressen der ärgsten Verbrecher zu erhalten, damit „wir selbst sorgen, die Sache in Ordnung zu bringen". Wiesenthal weigerte sich. „Was ist denn der Unterschied zwischen euch und den Nazis? Sie haben Menschen ermordet, weil sie dachten, daß sie recht hätten, und ihr tut dasselbe?"

Seine Besucher aber drängten. „Sie haben Millionen Unschuldige umgebracht, während wir nur ein Interesse an den hundert Schuldigen haben", sagten sie.

„Es ist ein Unterschied", gab Wiesenthal zu. „Aber ich strebe nach einer Gesellschaft, die diesen Unterschied zu klein findet."

Ein Wiener Boulevardblatt brachte in diesem Zusammenhang auf der ersten Seite folgende Schlagzeile: „Wiesenthal beschimpft Österreich im Ausland."[62] In Wirklichkeit ist Wiesenthal weder ein Hasser Österreichs noch Deutschlands. Wie viele von den Hunderttausenden Mitgliedern der NSDAP, SS und SA sind bei ihm registriert? Nur 600 von ihnen — die Ärgsten — haben bei ihm einen Akt. Den Rest läßt er in Ruhe. Außer wenn sie die Neigung verspüren, in die Politik zu gehen. „Exnazis kann man nicht wie Exliberale oder Exsozialisten betrachten, denn diese Menschen haben in ihrem Unterbewußtsein noch viel von ihrer alten Ideologie. Sie merken es selbst nicht. Dazu kommt, daß die Nazis zu kurz in einer politischen Quarantäne gehalten worden sind."[63]

Wiesenthals Auffassung über „Gut" und „Böse" sind nicht an Landesgrenzen oder Generationen gebunden. In Israel, wo man ihm nicht schlecht gesinnt ist, entstand ein kleiner Aufruhr um seine Person, als er einmal in einem Kibbuz in einer Diskussion mit ehemaligen Ghettokämpfern erklärte, daß er die jungen Österreicher nicht besser und schlechter finde als junge Israelis. Nach der Kapitulation Deutschlands vernahm Wiesenthal das Gerücht, daß die Alliierten einen SSler hinrichten wollten, von dem er wußte, daß dieser gegenüber den Gefangenen anständig war. Er reiste unverzüglich hin und konnte so die Hinrichtung noch verhindern.

„Die Vorstellung von einem Simon Wiesenthal, der jeden Parteigenossen, jeden SS-Sympathisanten, jeden Wehrmachtsangehörigen mit unerbittlichem Haß bis in sein Grab verfolgt, ist für die, die ihn kennen, so grotesk, daß sie nicht wissen, ob sie darüber lachen oder weinen sollen", schreibt einer seiner Biographen.[64]

So will Simon Wiesenthal auch von dem Begriff Kollektivschuld nichts wissen. Sicher, als er geschwächt das letzte seiner dreizehn Konzentrationslager verließ, sah er in jedem Einwohner des Großdeutschen Reiches einen Handlanger seiner Peiniger. Als er dann langsam wieder Gelegenheit zum Nachdenken bekam, erinnerte er sich an die biblische Widerlegung der These von der Kollektivschuld: Die Geschichte von Gott, der bereit war, Sodom und Gomorrha zu schonen, wenn innerhalb der Mauern zehn (und dann noch weniger) Gerechte gefunden werden. Wiesenthal erwartet höchstens kollektive Reue. „Mußten wir Juden nicht Jahrtausende hindurch Leiden erdulden, weil man uns — uns allen, selbst den noch ungeborenen Kindern — die Kollektivschuld an der Kreuzigung Christi, an den Seuchen des Mittelalters, am Kommunismus, am Kapitalismus, am schlimmen Krieg und an schlechten Friedensverträgen zuschob? Die Juden sind schuld an allem Bösen der Welt, von der Pest bis zur Atombombe. Wir sind der ewige Sündenbock. Aber wir wissen, daß uns eine Kollektivschuld nicht trifft. Wie können wir dann ein anderes Volk in seiner Gesamtheit anklagen, was auch immer einige seiner Angehörigen getan haben?“[65]

Im Gegensatz zur Kollektivschuld stellt er die persönliche, die nur durch Strafe vergolten werden kann. Darum ist er ein Gegner von zuviel Vergebung und Verjährung. In seinem Buch *Die Sonnenblume* schreibt er, wie unmittelbar nach dem Krieg dann auch Priester, Philanthropen und Philosophen die Welt aufriefen, die Nazis zu vergessen. Die Priester sagten, daß die Verbrecher doch vor dem göttlichen Richter erscheinen müssen, darum soll man ihnen mit der irdischen Gerechtigkeit nicht lästig fallen. Das kam den Naziverbrechern natürlich gelegen.[66]

Das organisierte Verbrechen des Dritten Reiches ist unbegreiflich, meint Wiesenthal, und die Schuld der Verantwortlichen kann unmöglich verjähren, solange noch die Generation der Jäger und Gejagten am Leben ist. Ich hatte ihn einmal sehr vorsichtig gefragt, ob sein Aufspüren von Fällen nach so vielen Jahren doch nicht an Opportunität eingebüßt hätte. Er antwortete, daß er die Frage nicht begreife. „Was ist nun der Wert einer Zahl? Ist jemand nach fünfundzwanzig Jahren ein größerer oder kleinerer Verbrecher als nach vierundzwanzig oder nach sechsundzwanzig Jahren? Was tut man, wenn jemand fünfundzwanzig Jahre nach dem Krieg begnadigt wird? Dann gibt man ihm in Wirklichkeit einen Preis für die Tatsache, sich ein Vierteljahrhundert lang so gut versteckt zu haben, daß er seiner verdienten Strafe entkommen konnte. Nein, da komme ich nicht mit."[67]

Simon Wiesenthal wurde im Jahr 1908 in der Stadt Buczacz geboren, an der Ostgrenze der österreichisch-ungarischen Monarchie, als Sohn eines damals wohlhabenden Zuckerkaufmanns. Als die Nazis dieses Gebiet eroberten, war er als Bauingenieur in Lemberg tätig, das zuerst zu Polen, dann zu Rußland gehörte.

Im Juli 1941 wurde er zusammen mit vierzig anderen Intellektuellen in das Brigidki-Gefängnis von Lemberg eingesperrt, das hauptsächlich von Ukrainern bewacht wurde, die mit Hitler sympathisierten. Den Juden wurde befohlen, sich in einer Reihe mit dem Gesicht zur Wand aufzustellen. Hinter jedem stand eine leere offene Kiste. Ein Ukrainer gab, beginnend an der linken Seite der Reihe, den ersten Genickschuß ab. Er ging der Reihe nach weiter, während zwei andere Ukrainer die Leichen in die bereitstehenden Kisten warfen. Sie kamen immer näher, als plötzlich die Kirchenglocken zu läuten begannen. „Aufhören!" rief ein Ukrainer. „Es ist Feierabend!“ Das war der Beginn einer langen Reise durch berühmt-berüchtigte KZs des Deutschen Reiches, wobei Wiesenthal das Glück und die Kraft benötigte, um nicht vorzeitig dabei zugrunde zu gehen. Manchmal hatte er Glück, wie zum Beispiel in dem Lager, wo er seine künstlerische Begabung gebrauchen konnte, indem er den Reichsadler auf erbeutete russische Lokomotiven malte oder Spruchbänder mit der Aufschrift „Wir danken unserem Führer!“ verfertigte. Aber häufig trieb ihn die dauernde Todesgefahr an den Rand der Verzweiflung, so daß er sich einmal, während eines der Transporte, die Pulsadern mit einem Rasiermesser aufschnitt, das er bei sich verborgen hielt. Die Nazis brachten ihn in das nächste Lazarett, wo er gepflegt wurde, um gesund genug zu sein, in einer netten Art erschossen zu werden.

Wiesenthals letztes KZ war Mauthausen, einige Kilometer von der oberösterreichischen Hauptstadt Linz entfernt. Er lag dort, auf 45 Kilo abgemagert, in der Todesbaracke, als am 7. Mai 1945 die Amerikaner den Appellplatz betraten.

„Ich fühlte damals in Mauthausen, daß ich kein Architekt mehr sein konnte“, sagte er jetzt. „Und ich sagte zu mir: ‚Ich will nun mein Leben in den Dienst der Gerechtigkeit stellen.‘ Was ich damals nicht wissen konnte, war der Umstand, daß dies eine Beschäftigung für ein ganzes Leben sein sollte.“

Danach trat Wiesenthal in den Dienst des alliierten *War Crime Office*, wo er eine Menge zukünftiger Landsleute (die Faschisten pflegten gerne daran zu erinnern, daß Wiesenthal erst 1953 die österreichische Staatsbürgerschaft erhielt) verhörte. Er bekam sie in allen Sorten in sein Büro: Nazis und Antinazis, Widerstandskämpfer und „sogenannte" Widerstandskämpfer. „Auffallend war", sagte er, „daß ich mit niemandem sprechen konnte, der nicht dem einen oder anderen Juden das Leben gerettet hatte. Ich habe später einmal die Zahl der so geretteten Juden zusammengezählt, wie sie angegeben wurden." Daraus könne man ersehen, daß die Österreicher mehr Juden, als es vor dem Krieg in Österreich gab, gerettet hätten.[68]

Aus dem Benehmen seiner neuen Vorgesetzten, den Amerikanern, konnte er erkennen, wie sich die Grenzen zwischen Gut und Böse, Antifaschismus und Faschismus verwischten. Die amerikanischen Offiziere hatten bald mehr Interesse an den österreichischen Mädchen als an der Vergangenheit ihrer verbrecherischen Väter gefunden, die übrigens, gewaschen und frisiert wie sie waren, gar nicht wie Massenmörder aussahen, wie man sie sich vorstellt. Auch die Tatsache, daß durch den kalten Krieg inzwischen der Bolschewismus zum Hauptfeind beider wurde, trug unter anderem dazu bei, daß es zur Verbrüderung zwischen Besetzern und Besetzten kam.

Aber Wiesenthal — keineswegs zur Milde bereit — verhörte damals eisern weiter.

„Was sind Sie doch für ein eifriger Kerl", sagte sein Chef voll Lob. „Warum kommen Sie nicht nach New York? Männer wie Sie können bei uns Karriere machen. Denn ich kann Ihnen sagen: Das einzige, was bei uns in Amerika nicht von Juden geregelt wird, sind die Verkehrsampeln."

Wiesenthal zeigte seinem Chef den Rücken, schlug die Tür zu und verließ den Dienst beim *War Crime Office*. Ein paar Wochen später ließ er das *Jüdische Dokumentationszentrum* in das amtliche Register eintragen.

Simon Wiesenthal II

Das Jüdische Dokumentationszentrum *Simon Wiesenthals* ist fast schon dreißig Jahre der Gegenstand zahlreicher abenteuerlicher Vermutungen. Man glaubte, es sei das Hauptquartier des sogenannten *Netzes Wiesenthals*, das über die ganze Welt gespannt ist. In Wirklichkeit bestand dieses „Netz Wiesenthals" die ganzen Jahre aus sage und schreibe einem Mann: Wiesenthal selber, assistiert von einer Halbtagssekretärin. Sie verwaltete die Ordner mit der Korrespondenz und den Zeitungsausschnitten. Er überwacht das dicke, schwarze Register der ehemaligen Mitglieder der SS, weswegen sich der englische Alt-Premierminister *Harold Wilson* bei ihm bedankte. Wenn irgendeine zweifelhafte Figur eigenartige Meinungen von sich gibt, dann schlägt Wiesenthal in seinem Register und in seinen Akten nach und gibt am nächsten Tag eine Pressekonferenz, auf der er mitteilt, daß diese Person früher ähnliche Thesen verkündet hat: als NSDAP-Gauredner oder als SS-Unterscharführer.

Diese Tätigkeit hat Wiesenthal das Odium einer bestimmten Allwissenheit eingebracht. In Wirklichkeit ist er nur gewissenhaft und ordentlich. Die „Menschenjagd", mit der er sich beschäftigt, ist hauptsächlich ein endloser Papierkrieg mit widerwilligen Beamten auf der ganzen Welt, vor allem aber in Wien. Die Gefangennahme *Adolf Eichmanns*, des Chefs der Zentralstelle für jüdische Auswanderung, und die Verhaftung *Franz Stangls*, des Kommandanten des KZ Treblinka, waren hauptsächlich die Frucht vieler Korrespondenzen und Telefonate.

Diejenigen, die glauben, in Wiesenthal stecken magische Kräfte, sind die Nazis. Sie sind aber zugleich seine wichtigsten Informanten. Zehn Prozent von ihnen melden sich aus Schuldgefühl. Die restlichen neunzig Prozent wenden sich an das Büro Wiesenthal, um durch ihn eine Rechnung mit einem anderen „Ehemaligen" zu begleichen. Es ist die verlassene Frau, die ihren ehebrecherischen Mann an seiner Vergangenheit auffliegen lassen möchte. Es ist der Erbe, der einen Konkurrenten ausschalten möchte. Es ist ein ehemaliges SA-Mitglied, das seinen Nachbar, einen Ex-SSler, um die bei Juden gestohlenen Wertsachen im Wohnzimmer beneidet.

Die zweite Kategorie der Besucher sind die Überlebenden aus den KZs, die ihren schrecklichen Bericht im blinden Glauben machen, daß Wiesenthal aufgrund von oft nicht mehr als der Nennung eines Vornamens oder einer vagen Personenbeschreibung immer noch Gerechtigkeit üben könnte. In fünfundneunzig von hundert Fällen ist diesen Menschen nicht zu helfen. „Leute, die zu Wiesenthal ins Büro kommen, um ihm von ihren Schrecken zu erzählen, machen die immer wieder erstaunliche Entdeckung, daß er nach all den vielen Jahren noch immer nicht abgestumpft ist. Er kann vom Leiden jener Zeit nicht erzählen hören, ohne zu weinen, sein Mitleid kommt vom Mit-Leiden."[69]

Die dritte Kategorie der Besucher besteht aus Studenten, Journalisten und Wissenschaftern, die um Material für ihr Studium, eine Artikelserie oder ein Buch für ein bestimmtes Ereignis des Dritten Reiches kommen. Mit dem langsamen Aussterben der Nazis verschiebt sich der Schwerpunkt immer mehr auf die letztere Tätigkeit. Als *Leopold Gratz* und *Bruno Kreisky* im Jahr 1970 das erste Feuer auf Wiesenthal eröffneten, war das „Femegericht" dieses „jüdischen Faschisten" in der Praxis nicht mehr als ein mehr oder minder gewissenhaft geführtes Archiv, das jedem zugänglich war.

Keine Rede von geheimnisvollen Aktivitäten oder Quellen, die das „Netz Wiesenthals" finanzieren. Wiesenthal und seine Frau leben von einer Wiedergutmachungsrente, von der westdeutschen Regierung bezahlt. Die Unkosten des Dokumentationszentrums werden aus den Einkünften von Wiesenthals Büchern bestritten, seinen Vorträgen und von Spenden, die vor allem aus den USA und den Niederlanden kommen. Fast in jedem Land hat er ein paar Verehrer.

Er ist tatsächlich ein normaler Bürger, mit einer Frau, einer Tochter, einem Schwiegersohn und einem Reihenhaus am Rande Wiens. Dennoch ist er ein Bürger, auf dessen Kopf die sogenannte „Weltunion der Nationalsozialisten" eine Prämie von 800.000 öS (112.000 DM) ausgesetzt hat.

Er genießt das mit einigem Behagen — denn Eitelkeit ist ihm nicht fremd. Aber sonst vergeht ihm das Lachen, zum Beispiel als er an einem Morgen, von einer Auslandsreise heimkommend, durch einen Freund auf dem Flugplatz erfuhr, daß seine Frau Cyla in der Nacht einen anonymen Telefonanruf erhalten hatte. „Frau Wiesenthal", so sprach der Mann am anderen Ende der Leitung, „wenn Ihr Mann nicht bald damit aufhört, die Vergangenheit aufzurühren, werden meine Freunde Ihre Tochter abholen! Sie werden sie dann nicht mehr lebend sehen." Wiesenthal eilte tödlich erschrocken nach Hause. Mit seiner Tochter war alles in Ordnung. Aber seine Frau lag mit einem leichten Herzanfall im Bett.

Simon Wiesenthal wird in Österreich so angefeindet, daß es frappierend ist. In jeder Post sind einige anonyme antisemitische Drohbriefe. Seit einem mißglückten Anschlag auf ihn werden die Besucher seines Büros durch eine geheime TV-Kamera beobachtet, bevor sie eingelassen werden. Beamte des Justiz- und des Innenministeriums aus den Abteilungen, mit denen er am meisten zu tun hat, verleugnen ihn auf der Straße aus Angst vor negativen Reaktionen ihrer Kollegen oder Vorgesetzten. Seine Bücher sind auf der ganzen Welt erhältlich, ausgenommen in den Buchhandlungen des Grabens und der Kärntnerstraße. Mit der SPÖ und der FPÖ steht er auf Kriegsfuß. Wenn sich die ÖVP jetzt zu ihm freundlich gibt, dann ist die Frage, ob dabei opportunistische Motive mitspielen, nicht ganz von der Hand zu weisen.

Im Jahr 1970, kurz nach den Nationalratswahlen, fragte ich Wiesenthal, welche Partei er gewählt habe.

„Früher, als ich noch in Linz wohnte, stimmte ich immer für die SPÖ", sagte Wiesenthal. „Das kann ich nun nicht mehr tun, das würde bedeuten, meinen eigenen Scheiterhaufen zu bauen. Deshalb haben sie bei dieser Wahl ohne meine Stimme auskommen müssen."

Tatsächlich findet er den Unterschied zwischen ÖVP und SPÖ nicht so beträchtlich wie den Unterschied zwischen Nazis und Nichtnazis. Das ist auch einer der Gründe, warum auch die Jüdische Gemeinde von Wien etwas mit Unbehagen auf seine Person blickt. Die Wiener Juden haben noch immer enge Bande mit den Sozialisten, die Tatsache leugnend, daß die „jüdische“ SPÖ der Ersten Republik mit der SPÖ aus der Zweiten Republik nicht vergleichbar ist. Ferner hat sich Wiesenthal bei seinen Glaubensgenossen dadurch unbeliebt gemacht, daß er die Juden, die sich während des Dritten Reiches schmutzige Hände gemacht haben, nicht minder hart anpackt als seine arischen „Kunden“. „Es gibt nicht zweierlei Maß, um Schuld zu messen“, findet er. Schließlich gibt es zwischen ihm und den Wiener Juden Auffassungsunterschiede hinsichtlich Israel. Denn Wiesenthal hängt mit Affenliebe am jüdischen Staat, und es ist beinahe unmöglich, vor ihm Kritik an Israel zu üben, ein Zionist ist er aber sicher nicht. „Ein Zionist ist ein Jude, der mit dem Geld eines zweiten Juden einen dritten Juden nach Israel schickt“, sagt er, ein bekanntes jüdisches Sprichwort zitierend.[70]

Als Wiesenthal im Jahre 1973 fünfundsechzig Jahre alt wurde, fragte ihn ein Berichterstatter, warum er nicht aufhöre. Es wäre doch besser, sich in Israel oder in den Niederlanden niederzulassen, wo er noch lange leben könnte, ohne mit Haß verfolgt zu werden.

„Ich bin gerne durch die Finsternis gegangen“, sagt Wiesenthal. „Ich habe oft zu mir gesagt: Ich kann nicht mehr weiter. Dann sah ich ein Bild aus dem Jahr 1943. Ich arbeitete damals gerade in Polen mit einer Gruppe jüdischer Zwangsarbeiter an einem neuen Weg, elektrische Leitungen mußten angelegt werden. Der Weg führte zu einem Massengrab. Es kam eine Gruppe junger Mädchen, Jüdinnen. Eines von den Mädchen drehte sich um. Sie sah mich an. Ihr Blick war eine Botschaft. Sie wollte sagen: Ich bin an meinem Ende, aber ihr, die ihr am Leben bleibt, vergeßt das nie! Ich sehe die Augen aufs neue. Es ist wie bei einer olympischen Stafette. Das jüdische Mädchen ist zurückgeblieben, aber es hat mir sein Feuer weitergegeben.“[71]

Darüber hinaus, sagt Wiesenthal, ist die dauernde Verfolgung der Kriegsverbrecher eine pädagogische Angelegenheit. „Vor Hitler kamen Massenmorde dieser Art nicht vor. Es gab Ausfälle in Armenien, aber diese Zeiten haben nur kurz gedauert. Es gab auch Kriegsverbrechen auf anderen Schauplätzen. Aber Morde, die sich über einen Zeitraum von Jahren erstrecken, das ist jetzt außergewöhnlich. Und die Geschichte hat diese ekelhafte Gewohnheit angenommen; es muß eine Reinigung für die Zukunft stattfinden. Es muß sich in den Herzen der Kinder festsetzen, daß Massenmord immer bestraft werden wird.“[72]

Die KZs haben ihn anfänglich den Glauben an Gott verlieren lassen. „Ein Gott, der Auschwitz duldet, kann kein jüdischer Gott sein“, sagte er. Als er sich gänzlich von dem Schock erholt hatte, kehrte auch der Glaube seiner Väter zurück in der Gestalt des gerechten Gottes, der auf den Moment der Abrechnung wartet.

Dieser Aspekt ist von *B. A. Sijes* ausgezeichnet analysiert worden. Er weist auf die Tatsache hin, daß Wiesenthals Glaube immer von bewußt-ethischer Art gewesen ist.

„Der Mensch braucht keinen Vermittler zu Gott“, sagt Wiesenthal heute. Das Judentum ist eine Schicksalsgemeinschaft, aus der man sich — das ist seine feste Überzeugung — nicht ohne Schaden zu erleiden loslösen kann. Mit denen, die behaupten, daß Religion und Schicksalsgemeinschaft nicht unverbrüchlich miteinander verbunden sind, stimmt er nicht überein. Was ist wichtiger, fragt er sich: der Glaube oder das Schicksal, das uns zusammenhält? Seine Antwort auf diese Frage lautet: Der Jude trägt die unsichtbaren Gräber der Vorfahren auf seinen Schultern, er selbst ist der lebende Grabstein seiner Familie. Diese Tatsache kann er schließlich nicht verdrängen. Auf den Grabsteinen mögen die Namen der Toten vom Staub der Jahre bedeckt sein — einmal kommt der Tag, an dem der strömende Regen die Buchstaben wieder zum Vorschein bringt. Das Schicksal unserer Vorfahren verblaßt in unserem Bewußtsein, es kommt erst durch die Verfolgung wieder deutlich zum Vorschein. Der Jude, sagt Wiesenthal, mag seine Schicksalsverbundenheit mit den anderen manchmal vergessen — aber das schwere Dasein bringt ihn zurück zur Wirklichkeit. Simon Wiesenthal zieht daraus die Schlußfolgerung, daß Juden nie und nimmer mit ihren Feinden kollaborieren dürfen und daß diejenigen, die das getan haben — ungeachtet aus welchen Gründen es geschehen ist —, dafür zur Rechenschaft gezogen werden müssen.[73]

Diese Auffassung mußte unwillkürlich in einen Konflikt mit Bruno Kreisky münden, jenem Mann, der sich von der jüdischen Gemeinschaft gelöst hat, der seinen eigenen Vorfahren eine posthume Ariererklärung verschrieb und sicherlich auch mit Hilfe der „Ehemaligen“ das Wählerpotential seiner Partei vergrößern konnte.

Bruno Kreisky I

In der mit April 1975 datierten Ausgabe der Monatszeitschrift *Der Ausweg* versuchte Simon Wiesenthal eine politische Standortbestimmung jenes Mannes, der zu diesem Zeitpunkt das fünfjährige Regierungsjubiläum als österreichischer Bundeskanzler feierte. Kreisky müßte nach Wiesenthal ein „romantischer Sozialist" sein. „Da der Sozialismus in Europa nicht verwirklicht wurde — es gab keinen Klassenkampf, die Arbeiter hatten sich verbürgerlicht, es gibt keine Parolen mehr, unter denen man am 1. Mai durch die Straßen ziehen könnte —, blieb also für einen romantischen Sozialisten à la Kreisky nur die Frustration. Kreisky wollte sich — so scheint es — nicht, wie es die anderen taten, verbürgerlichen. Sein romantischer Sozialismus trieb ihn auf die Suche nach anderen Gefilden. So wurde Kreisky zum Bewunderer des ‚arabischen Sozialismus'."[74]

Simon Wiesenthal mag oft recht haben, aber hier hat er sich geirrt. Sicher, *Bruno Kreisky* steht in einem romantischen Verhältnis zum arabischen Sozialismus, aber es ist die Romantik eines Politikers in einem kleinen Lande, der gerne als Vermittler zwischen den verschiedenen Parteien der Welt-Kriegsherde auftreten möchte. Mit „romantischem Sozialismus" hat das ebensowenig zu tun wie mit „Bewunderung für den arabischen Sozialismus". Kreisky repräsentiert vielmehr jene Gruppe von

Sozialisten, die nach dem Krieg in immer stärkerem Maße die europäische Politik geprägt haben: qualifizierte Führer, zusammen mit den Managern der Wirtschaft, wirksam innerhalb der Technostruktur eines neuen Systems des Staatskapitalismus. Vermutlich hat er viel mehr in *The new industrial state* von *John K. Galbraith* geblättert als in den gesammelten Reden des *Yassir Arafat*.

Vor vierzig Jahren, da war Kreisky ein romantischer Sozialist. Das war damals, als er im Jahre 1936 vor dem Wiener Landesgericht sagte: „Ich halte weiterhin den Klassenkampf für das einzige Mittel der Befreiung der Arbeiterschaft.“[75] Heute sagt er nicht ohne Selbstironie: „Es ist eine Rache der Geschichte, daß die einst jungen Revolutionäre nun auf ihre alten Tage befrackt und mit Orden behangen auf Bälle gehen müssen, um dort zu repräsentieren.“[76] Das ist nicht die Sprache eines Romantikers, sondern die eines Realisten. Romantiker sitzen übrigens nicht im Zentrum der Macht. Sie sitzen in der Opposition.

Ende 1975, kurz nach Kreiskys drittem Wahlsieg, erschien in der Bundesrepublik ein Taschenbuch, in dem der österreichische Bundeskanzler zusammen mit befreundeten und gleichgesinnten Politikern wie *Willy Brandt* und *Olof Palme* „Die Theorie und Praxis des demokratischen Sozialismus“ analysierte.[77] Ich verzichte darauf, mich über die inhaltliche Dürre dieser Publikation auszulassen, und beschränke mich auf die Feststellung, daß in diesem widerlichen Werk wieder einmal gezeigt wird, wieviel der Sozialismus an Spannkraft und Reiz verloren hat, als er die Theoretiker aus seiner Mitte vertrieb und diese durch Ökonomen und

Taktiker ersetzte. Kreisky, Palme und Brandt geben mit einer gewissen Offenheit zu, daß sie innerhalb der Industriegesellschaft die Rolle eines *Arztes am Krankenbett des Sozialismus* spielen. Und Kreisky gibt unumwunden zu: „Der Kapitalismus ist nicht imstande, die Probleme der Industriegesellschaft zu lösen. Also muß das die Sozialdemokratie tun.“ Er ist der Meinung, daß es die wichtige Aufgabe des *Arztes am Krankenbett des Kapitalismus* sein müßte, einem System, das von der fundamentalen Ungleichheit des Menschen ausgeht, wieder neue Lebenskraft zu geben.

Es ist hier nicht der Platz für eine Abhandlung über die Konzessions- und Kompromißbereitschaft der Sozialdemokratie, aber ich bin nun einmal unter anderem damit beschäftigt, eine Erklärung für die Tatsache zu suchen, warum ein sozialistischer Bundeskanzler einer sozialistischen Mehrheitsregierung, wie sie in Österreich nun an der Macht ist, in mancher Hinsicht tolldreiste Züge zeigt. Und langsam ist die Zeit für die Feststellung reif, daß weder die SPÖ noch die von ihr initiierten Maßnahmen einen typisch sozialistischen Charakter haben. Im Gegenteil, diese Maßnahmen hätten auch von einer nichtsozialistischen Regierung beschlossen werden können.

Bruno Kreisky tat dies — oft in Übereinstimmung mit der oppositionellen ÖVP und FPÖ. Die Homosexualität unter Erwachsenen wurde unter seiner Regierung straffrei. Die Beamtenbeleidigung — bislang eine Kuriosität in der österreichischen politischen Landschaft — ist nun rechtlich der Beleidigung eines normalen Bürgers gleichgesetzt. Bei einer Heirat kann man wählen, ob man den Namen des Mannes oder den der Frau als Familiennamen führen will. Bei der Geburt eines Kindes bekommen die Mütter eine staatliche Beihilfe. Frauen, die kein Kind haben wollen, aber bereits schwanger sind, können straflos abtreiben. Man sieht, der *Arzt am Krankenbett des Kapitalismus* ist ein Mann, der mit seiner Zeit gehen will. Und ob man nun Kreisky einen Sozialisten nennen kann oder nicht, es ist unverkennbar, daß sich in Österreich unter seiner Regierung einiges dem Zeittrend folgend verändert hat.

Es wurde schon auf die Parallelen zwischen Kreisky und Brandt hingewiesen, vor allem was ihre Karriere und ihre Meinungen betrifft. Sie sprechen dieselbe Sprache, sind Antifaschisten der ersten Stunde, wurden von den Nazis gezwungen, nach Skandinavien zu emigrieren — Brandt nach Norwegen und Kreisky nach Schweden. Brandt hatte als Reiselektüre den ersten Teil von *Karl Marx' Das Kapital* mitgenommen, Kreisky *Robert Musils Der Mann ohne Eigenschaften.* Sie heirateten beide eine skandinavische Frau, bekamen linksradikale Söhne und sind lange mit scheelen Augen betrachtet worden, Brandt von den Spießbürgern als uneheliches Kind, Kreisky von den Antisemiten als Jude.

Politisch gesehen sind beide Exponenten einer pragmatischen, auf allmähliche Reformen abgestimmten Politik. Sie fungieren beide als Vorsitzende einer Partei, „in der einer ebensogut seinen Platz finden müsse, der aus den ökonomischen und soziologischen Theorien von Marx seinen Impuls nimmt, wie jener, der aus der Bergpredigt oder von dem Kantschen kategorischen Imperativ seine Impulse bezieht“[78] — obwohl Karl Marx in der Praxis zur Persona non grata erklärt worden ist. Sie demonstrieren beide eine beinahe schon irrationale Liebe für das sogenannte *schwedische Modell*, wobei — angesichts des äußerst gemäßigten Charakters ihrer Politik — der Verdacht auftaucht, daß sie dieses *schwedische Modell* deshalb so attraktiv finden, weil die Sozialdemokraten dort vierzig Jahre ohne Unterbrechung an der Macht waren.

Unterschiede zwischen Brandt und Kreisky gibt es auf dem Gebiet der Außenpolitik. Brandts Spezialität war die Ostpolitik, die das Verhältnis zwischen Westeuropa und den Oststaaten unbestreitbar beeinflußt hat. Kreiskys bevorzugtes Arbeitsgebiet ist der Nahe Osten, wo er bereits einige Male versuchte, die streitenden Parteien zu versöhnen. Daß dies bis heute, im Gegensatz zu Brandts Ostpolitik, als mißlungen anzusehen ist, liegt nicht allein an Israel und den Arabern, sondern vor allem an dem bösen Blut, das Kreisky gemacht hat, indem er — entgegen allen Spielregeln der Diplomatie — merken ließ, daß seine Vorliebe für die Palästinenser bedeutend größer ist als für die Einwohner des jüdischen Staates.

Das ist der Kern der Sache: Wie kommt es, daß der österreichische Bundeskanzler, ein Mann, der in jeder Hinsicht zum gemäßigten Flügel der europäischen Sozialdemokratie zählt, in der nahöstlichen Frage plötzlich einen Standpunkt einnimmt, der sich durch einen vehementen Proarabismus auszeichnet?

Bruno Kreisky hat sich im Nahen Osten oft selbst den Weg durch seine (an sich löbliche) Gewohnheit versperrt, seine Meinung offen zu sagen. Er wird *Journalistenkanzler* genannt, womit nicht nur gemeint ist, daß man leicht zu ihm kommen kann, sondern vor allem, daß er sich im Gegensatz zu manchen anderen Amtskollegen so verständlich wie möglich ausdrückt. Er selbst zeigte in einem Artikel die manipulativen Hintergründe *der geheimen Sprache* auf, die in stetigem Maße in der Politik verwendet wird: „Talleyrand hat einmal gesagt, daß Gott den Diplomaten die Sprache gegeben hätte, um ihre Gedanken zu verbergen. Ich würde es für den Politiker so formulieren: Gott hat den Politikern die Sprache gegeben, damit sie ausdrücken können, was sie denken, und zwar so einfach als möglich, damit so viele als möglich soviel wie möglich davon auch verstehen."[79] Das waren keine leeren Worte. Kreisky ist tatsächlich einer der wenigen Staatsmänner, die ein lesbares Interview geben können und bereit sind, in einem Artikel ohne Umschweife zu sagen, was ihre Meinung über die europäische Integration, über ein bestimmtes Problem der Außenpolitik oder über das Verhältnis zwischen Sozialdemokratie und Kommunismus ist. Seine Begabung, eine verständliche Sprache mit Thesen zu kombinieren, von denen er weiß, daß sie seine Landsleute gerne hören, ist einer der Schlüssel zu seinem Erfolg. (*Karl Kraus* schreibt: „Wer offene Türen einrennt, braucht nicht zu fürchten, daß ihm die Fenster eingeschlagen werden."[80])

Das zeigt sich deutlich in der Art und Weise, wie er sich dem Kommunismus gegenüber verhält. Darin beweist er, als bald letzter sozialdemokratischer Regierungschef Westeuropas, noch immer eine Starrheit, die in den fünfziger Jahren in seinem Kreise Allgemeingut war. Begriffe wie *Konvergenz* oder *friedliche Koexistenz* betrachtet er als unerwünscht und verschleiernd. Auf der Sicherheitskonferenz in Helsinki (KSZE) sagte er ohne Rücksicht auf *Breschnjew*, *Ceaucescu* und *Honecker*: „Wir wollen gar keine ideologische Koexistenz, denn wir wollen uns mit dem Kommunismus auseinandersetzen, sehr kämpferisch sogar." Diese Worte waren gleichzeitig an die Adresse einer Handvoll Radikaler gerichtet, die es in der SPÖ noch gibt. Ihre geistigen Verwandten in der Zwischenkriegszeit, die Austromarxisten à la *Otto Bauer*, hofften noch auf einen *integralen Sozialismus*, ein organisches Zusammenwachsen von Sozialdemokratie und Kommunismus. Auf dem SPÖ-Parteitag in Villach 1972 erklärte Kreisky, daß diese Illusion auf dem berühmten Friedhof Père-Lachaise unweit der Gräber der Pariser Commune begraben wurde.[81]

In Anbetracht der Art und Weise, wie der Sozialismus in den meisten Volksdemokratien praktiziert wird, ist das ein ehrenhafter Standpunkt. Aber — so sagt der Politologe *Ossip K. Flechtheim* — so richtig es auch sein mag, die leninistischen oder stalinistischen pseudosozialistischen Diktaturen zu bekämpfen, so sehr macht man sich doch selber unglaubwürdig, wenn man nicht gleichzeitig über jede Form der Demokratieschändung den Stab bricht: „Wenn man die Intervention der Sowjetunion in Berlin, Budapest und Prag anprangert, so müßte man doch wohl auch den noch blutigeren Krieg der USA oder Frankreichs in Vietnam bzw. in Algerien ablehnen. So vermissen wir eine Stellungnahme Kreiskys zum Neokolonialismus und Imperialismus im westlichen Lager."[82] Viele Kreise in Österreich vermuten im Antikommunismus Kreiskys den gleichen Opportunismus wie in der Judenfrage.

Bruno Pittermann, Kreiskys Vorgänger als SPÖ-Vorsitzender, gab der ÖVP im Jahre 1966 die absolute Mehrheit, indem er sich nicht von den Kommunisten distanzierte, die — selber ohne jede Hoffnung auf Erfolg — ihren Anhängern geraten hatten, SPÖ zu wählen. Den erschreckten Österreichern mußte es scheinen, als ob der „integrale Sozialismus“ unmittelbar bevorstehe. Die SPÖ verlor die Wahlen und Bruno Pittermann seinen Posten als Parteivorsitzender.

Kreisky änderte sofort den Kurs und konzipierte die sogenannte *Eisenstädter Erklärung*, in der er ohne Vorbehalt sagte, daß die Sozialdemokraten nichts, aber auch gar nichts mit den Kommunisten zu tun haben wollen. Er begriff im Gegensatz zu seinem Vorgänger, was in der österreichischen Innenpolitik die maßgeblichen Faktoren sind: gemäßigter Reformismus, profilierter Antikommunismus und eine demonstrative Bereitschaft, einen Strich unter die nicht selten zweifelhafte Vergangenheit einer großen Anzahl der zwischen ÖVP, SPÖ und FPÖ schwankenden Wählerschaft zu ziehen. Und gerade der Jude Kreisky ist als Symbol besser für diese Versöhnungspolitik geeignet als irgend jemand sonst. „Kreisky ist, wie tiefenpsychologische Untersuchungen zeigen“, schreibt der österreichische Psychologe *Wilfried Daim*, „bei vielen Nazis angekommen. Für sie war es eine Art Erlösung, einen Juden zu wählen. Die Nazis waren über den Juden Kreisky schon deswegen glücklich, weil er allein imstande ist, sie wieder gesellschaftsfähig zu machen. Ein jüdischer Bundeskanzler sollte für sie Schlußstrich unter einer Vergangenheit sein, mit der sie nichts mehr zu tun haben wollen.“[83]

Deshalb ist es nicht verwunderlich, daß die Landesparteien, die 1967 mit großem Nachdruck für Bruno Kreisky als SPÖ-Vorsitzenden waren, die Länder Kärnten, Tirol, Salzburg und Steiermark waren; Länder, in denen — wie soziologische Untersuchungen zeigen — der höchste Prozentsatz von Antisemiten zu finden ist. Wenn man das weiß, dann braucht man sich nicht mehr darüber zu wundern, daß einer der damaligen Anführer der Kreisky-Anhänger, der bereits verstorbene *Alfred Schachner-Blazizek* (Steiermark), 1945 geräuschlos von der NSDAP zur SPÖ umgestiegen ist.

Die Wahl Bruno Kreiskys zum SPÖ-Vorsitzenden bzw. seine spätere Ernennung zum österreichischen Bundeskanzler ist nicht das Resultat eines antifaschistischen Läuterungsprozesses gewesen, wie man vielleicht annehmen könnte. Es war vielmehr das Resultat eines taktischen Manövers, ein Bauen auf das nationale Schuldgefühl, vermischt mit einem aggressiven Hang nach Rehabilitierung, mit einer zeitgemäßen Variante des Antisemitismus als endgültigem Resultat: „Wir haben nichts gegen die Juden, wenn sie nur alle wie Kreisky wären."

Zu Beginn der sechziger Jahre sagte *Bruno Kreisky*, damals noch Außenminister in der schwarz-roten Koalitionsregierung, er wisse sehr wohl, daß aufgrund seiner Herkunft zwei Funktionen für ihn unerreichbar seien: der Posten des SPÖ-Vorsitzenden und der Posten des österreichischen Bundeskanzlers. Als er seine Parteigenossen und Landsleute besser kennenlernte, begann er zu begreifen, daß er gerade wegen dieser Herkunft diese beiden hohen Funktionen erreichen konnte. Darum gab er dem Antisemitismus die Absolution, denn dieser machte ihn, den *Paradejuden*, zum ersten Mann in der Regierung.

Ist es verwunderlich, daß jemand wie Simon Wiesenthal, der viele Jahre zwischen Leben und Tod schwebte, diesen Vorgang als eine Form eines Handels beschreibt, vor der sich selbst Beelzebub nicht zu schämen bräuchte?

Bruno Kreisky II

Diejenigen, die die Beweggründe für dieses nicht selten Erstaunen hervorrufende Benehmen des österreichischen Bundeskanzlers erforschten, stießen unvermeidlich auf die tragische Erscheinung des *jüdischen Selbsthasses.*

Dieser Ausdruck stammt, soweit bekannt, von *Theodor Lessing.*[84] „Wie kommt es", frägt er, „daß alle Menschen sich selber lieben, und nur der Jude liebt sich selber so schlecht?" Lessing hatte zuwenig Abstand, um die Frage befriedigend beantworten zu können. Andere haben dies mit mehr Erfolg versucht, wie zum Beispiel der Kulturphilosoph *Hans Mayer*, der diesen jüdischen Selbsthaß als Unterbau einer Emanzipationsleidenschaft der *gesellschaftlichen Außenseiter* erklärt, etwa vergleichbar mit einer intellektuellen Frau, die sagt: „Ich kann Frauen nicht ausstehen. Unterhalten kann man sich nur mit Männern."[85] Wie dem auch sei, der jüdische Selbsthaß hat das Bewußtsein einer Zahl von intelligenten Menschen eingeengt. Die Passagen in einem Werk von *Karl Marx* über den *Eigennutz* als Grundstimmung und den *Wucher* als weltlichen Gott der Juden[86] sind nur als unsinnige Verallgemeinerungen anzusehen. Der Journalist *Karl Kraus* rief ohne Gewissensbisse den Rassentheoretiker *Houston Stewart Chamberlain* für seine Kampagne gegen die Wiener jüdische *Journaille* zu Hilfe. Der von Kraus hochverehrte Philosoph *Otto Weininger* behauptet, daß der

Jude „stets lüsterner, geiler, wenn auch merkwürdigerweise, vielleicht im Zusammenhang mit seiner nicht eigentlich antimoralischen Natur, sexuell weniger potent ist als der arabische Mann". Dieser Autor war jedoch zugleich zu scharfsinnig, um nicht die wahre Ursache dieser Unsinnigkeit zu erkennen: „Man haßt nicht etwas, womit man keinerlei Ähnlichkeit hat. So erklärt es sich, daß die allerschärfsten Antisemiten die Juden sind."[87]

Ein dreiviertel Jahrhundert nach Veröffentlichung dieser Sätze antwortete *Bruno Kreisky* — Jude und Wiener, ebenso wie Kraus und Weininger — auf eine etwas kritisch ausgefallene Frage eines israelischen Korrespondenten: „Sagen Sie einmal, Herr Redakteur, kommen Sie zu mir und wollen Sie vom Bundeskanzler der Republik Auskünfte haben, oder wollen Sie mit mir ein Verhör machen? Wenn Sie mit mir ein Verhör machen wollen, dann streiche ich gleich alles. Die Juden nehmen sich so furchtbar viel mir gegenüber heraus, und das erlaube ich nicht. Würden Sie den Mut haben, den französischen Ministerpräsidenten so zu fragen? Das ist eine unerhörte Frechheit, ich schmeiße Sie am liebsten gleich hinaus. Weshalb muß ich Ihnen eigentlich da Red' und Antwort stehen? ... Jetzt habe ich genug. Ich bin nicht dazu da, vor der jüdischen, der israelischen Öffentlichkeit mich wie ein Angeklagter zu verantworten... Wenn die Juden ein Volk sind, so ist es ein mieses Volk."[88]

Kreisky sprach unbeherrscht und hat „sich eines Tons und einer Lautstärke bedient, die er vermutlich einem Korrespondenten des *Al Ahram* gegenüber kaum anzuwenden gewagt hätte". So der entrüstete Frager später. *Theodor Lessings* Thesen über den *jüdischen Selbsthaß* haben sich abermals bewahrheitet.

Dieser Zwischenfall hat auch die israelische Öffentlichkeit bewegt. Sie sah den spektakulären Assimilationsprozeß eines ihrer Söhne doch mit gemischten Gefühlen. Selbst der Satiriker *Ephraim Kishon* verspottete den Wiener Regierungschef.

Die Zusammenstöße zwischen Kreisky und Israel sind auffallend häufig. Während einer Vergatterung der Sozialistischen Internationale machte Kreisky nicht unrichtig die Bemerkung, „daß der Zionismus nicht die einzige Lösung der israelischen Problematik bildet"; seither sind er und die ehemalige Regierungschefin Golda Meir aufeinander nicht gut zu sprechen. In Israel wird noch immer nervös reagiert, wenn Kreisky sagt, daß es ein wissenschaftlicher Unsinn sei, über ein „jüdisches Volk" zu sprechen. Das beleidigte Israel war leider nicht schlagfertig genug, um Kreisky darauf aufmerksam zu machen, daß seine eigenen, angeblich rassenreinen Österreicher selber eine ethnische Mischung von Illyrern, Rätern, Kelten, Römern, Germanen, Slawen und Magyaren sind. Die Empörung in Israel war allgemein, als Kreisky 1973 vor einer Handvoll arabischer Terroristen kapitulierte, indem er das Durchgangslager Schönau für die russischen Juden schloß. Die *Frankfurter Allgemeine Zeitung* schrieb aggressiv: „Nun hat Kreisky eindeutig bewiesen, daß er ein Österreicher ist und kein Jude." Die Vorwürfe wurden, im nachhinein gesehen, wahrscheinlich zu Unrecht erhoben. Die Tatsache, daß Österreich seit damals weniger auffallend, dafür aber umso effektiver, immer noch als Zwischenstation für die russisch-jüdischen Flüchtlinge dient, zeigt, daß der Taktiker Kreisky damals im Jahr 1973 ein zweites Massaker von München zu verhindern versuchte.

Daß Kreiskys Popularität nach der Schließung des Lagers Schönau in Österreich auf ungeahnte Höhe stieg (79 Prozent der Befragten billigten laut einer Umfrage diese Maßnahme), sei nur am Rande bemerkt.

Es ist auch zwischen Kreisky und Israel, beziehungsweise zwischen Kreisky und den Juden, noch etwas anderes vorgefallen, das darauf hinweist, daß der österreichische Regierungschef einige Mühe mit seinem eigenen „jüdischen Problem" hat.

Warum hat er es im Jahr 1973 versäumt, seine israelischen Parteigenossen vor einem neuen bewaffneten Konflikt zu warnen, während er Tage vor dem Jom-Kippur-Krieg persönlich mit dem ägyptischen Minister *Ismail Fahmi* konferierte?[89] Warum schlug Kreisky zwei Einladungen nach Israel aus, um sich kurz nachher in Kairo von Nasser persönlich eine Auszeichnung auf die Brust heften zu lassen?[90] Warum mußte es ausgerechnet die erzkonservative SPÖ sein, die sich bereit erklärte, die Palästinensische Befreiungsfront anzuerkennen, nachdem das von Kreisky im März 1976 durch das kuwaitische Fernsehen erklärt wurde?[91] Warum mußte ausgerechnet Kreisky Bundeskanzler werden, um mit der Tradition zu brechen, der jüdischen Gemeinschaft seines Landes zum jüdischen neuen Jahr Glückwünsche zu übermitteln? War dies eine Unachtsamkeit oder das Benehmen eines Mannes, der „den Gedanken nicht akzeptieren konnte, daß Österreich gegenüber den Juden eine spezielle Verpflichtung hat",[92] der dieselben Juden „ein mieses Volk" nennt und der eines ihrer prominentesten Mitglieder als „einen jüdischen Faschisten" bezeichnete, sich aber inzwischen selbst bei den echten Faschisten um ein Ariertum honoris causa bewirbt?

Aber bezeichnender als die bereits erwähnten Vorfälle war Kreiskys Auftreten am 10. November 1975 bei einer Pressekonferenz mit den in Wien akkreditierten Auslandskorrespondenten. Bei dieser Gelegenheit zog Kreisky alle Register. „Auf dem Boden Österreichs weiß ich nur eines", sagte er, „was ich der israelischen Bevölkerung gesagt habe, daß mein Großvater väterlicherseits ein deutschsprachiger Oberlehrer in Böhmen war und sogar Direktorstellvertreter in einer Lehrerbildungsanstalt in der alten Monarchie, sein Vater ein Lehrer war, meine Großmutter eine der ersten Deutschlehrerinnen in Böhmen war, ihr Vater ein Lehrer war, ihr Bruder deutschsprachiger Reichsratsabgeordneter im österreichischen Parlament vor über 100 Jahren war, mütterlicherseits die Vorfahren meiner Mutter Ärzte waren, auf Jahrhunderte zurückzuverfolgen zum Beispiel nach Dokumenten, ja, wo anders soll mein eigenes Land sein, ich frage, wo soll das sein?"[93]

Selbstverständlich hat Kreisky damit recht. Er ist Österreicher, ebensoviel und ebensowenig wie Josef Klaus, Arthur Seyß-Inquart und Gustav Mahler. Trotzdem hat sich selten der *Emanzipationstrieb der Gemeinschaft der Außenseiter* so deutlich geoffenbart wie hier in der Figur des jüdischen Bürgersohnes, der sich ein Leben lang in einer Umgebung von Judenhassern aufhielt, einer, der immer schlauer und intelligenter, arischer als die Arier und österreichischer als die Österreicher sein mußte als die anderen, um akzeptiert zu werden.

Darum ist es auch unsinnig zu behaupten, Kreiskys Streben nach der Funktion des Bundeskanzlers sei eine Krönung des Assimilierungs- und Emanzipationsprozesses gewesen. Die Wandlung zu einem nichtjüdischen

Juden, die sich bereits vorher vollzog, zeigt nur, daß der Assimilierungsprozeß danebengegangen ist. Bundeskanzler oder nicht Bundeskanzler, Bruno Kreisky bleibt für seine Landsleute „ein Jude“, wenn auch ein „netter Kerl“. Es sind nicht die Juden selber, die sich ausmachen, ob sie denn nun Juden sind oder nicht. Das macht für sie die Umwelt. Dieses Jude-Sein „kann nicht ignoriert und auch nicht sublimiert werden“, sagt *Hans Mayer*.

Das ist die Erklärung für die Allergie Bruno Kreiskys gegenüber Israel, dem jüdischen Staat, der nicht nur ein Asyl für die Verfolgten war, sondern leider auch gleichzeitig Nahrung dem klassischen Argument der Antisemiten lieferte, daß ein Jude nur ein Jude sein kann und kein Franzose, Brite, Niederländer oder Österreicher.

Und es ist langsam auch deutlich geworden, warum der assimilierungshungrige Bruno Kreisky so widersinnig gegen Simon Wiesenthal reagiert. Ein Beweis für die Tatsache, daß Kreisky, wie viele deutschsprachige Vorfahren in Böhmen er auch immer gehabt haben möge, trotzdem ein Sohn jenes Volkes geblieben ist, das zu Millionen in den Gaskammern umkam.

Rufmörder unter uns

Mitte der sechziger Jahre, bevor sich noch die österreichischen Faschisten und Sozialdemokraten in einer Einheitsfront gegen Simon Wiesenthal vereinigten, eröffnete bereits die Volksrepublik Polen ihr Feuer auf ihren ehemaligen Landsmann Wiesenthal.

Der Hauptinitiator dieser Kampagne war *Kasimir Rusinek*, seinerzeit Kulturminister. Er war als Nichtjude in der letzten Phase des Krieges Wiesenthals Mitgefangener in Mauthausen gewesen. Kurz nach der Befreiung in den ersten Tagen des August 1945 — das Lager war noch nicht geräumt — kam es zwischen den beiden zu einer Auseinandersetzung. Wiesenthal wurde damals, als er Rusinek um seinen Ausweis fragte, von dem Polen zu Boden geschlagen, worüber er sich bei den amerikanischen Behörden beschwerte. „Nun ist der Krieg vorbei — und noch immer werden die Juden mißhandelt!"

Rusinek mußte sich öffentlich für seine Tat entschuldigen.

Wiesenthal vergaß diesen Vorfall nicht; als im Jahre 1967 seine Autobiographie *Mörder unter uns* erschien, widmete er einige wenige Zeilen der Frage, wie es dazu kam. Rusinek vergaß ebenfalls Wiesenthal nicht und setzte nach Erscheinen des Buches die Propagandamaschine gegen seinen ehemaligen Mithäftling in Gang.

Rusinek war damals eng mit dem Generalsekretär des

ZK der Polnischen KP verbunden, dem mächtigen *Mieczyslaw Moczar*, der sich einen *neuen politischen Weg zum Sozialismus* ausgedacht hatte. Der Hauptpunkt dieser politischen Strategie war, daß man die Juden Polens aus ihren wirtschaftlichen und politischen Positionen vertrieb, um damit die breite Masse des polnischen Volkes günstig zu stimmen. Denn ungeachtet ihrer politischen Vergangenheit sind die meisten Polen Antisemiten bis ins Mark geblieben.

In dem Buch *Antisemitismus ohne Juden* des Journalisten *Paul Lendvai*[94] findet man zwei Beispiele von der Art der Affäre Rusinek. Beispiel eins: Als die *Polnische Große Allgemeine Enzyklopädie* im Band 8 das Stichwort „Konzentrationslager“ aufnahm, protestierte Rusinek gemeinsam mit einer Gruppe „wahrer Patrioten“ bei der Regierung offiziell gegen „die Übertreibung der Zahl der getöteten Juden“. Beispiel zwei: Am 17. Juli 1967, kurz nach dem Sechstagekrieg, hielt Rusinek eine Radioansprache, in der er Israel unter anderem beschuldigte, es hätte seine militärische Technologie von einer großen Zahl von Nazis, die im Judenstaat gearbeitet hätten, gelernt. „Nach meinem Wissen sind mehr als ein Dutzend Experten aus der Hitler-Armee in Ausbildungsfunktionen in der israelischen Armee“, sagte Rusinek. Zwei Tage später entkräftete Wiesenthal diese Behauptungen mit nur einem Beispiel. Eine Antwort blieb, wie zu erwarten war, aus.

Wiesenthal, in diesen Tagen in Hochform, brachte in kurzen Abständen drei Publikationen auf den Markt, die ihn ein für allemal bei den polnischen Kommunisten in Ungnade fallen ließen.

Erst veröffentlichte er ein fünfzehn Seiten starkes

Memorandum, aus dem man ersehen konnte, daß die obengenannten Funktionäre der SA, der SS und der Gestapo nicht in Tel Aviv, sondern in Kairo Unterschlupf gefunden hätten, wo sie ihren Kampf gegen das internationale Judentum unter anderen Namen fortsetzen, wie etwa als Ben Salem, El Gamin, Ben Kashir, Ali el Nachar oder El Hajd (der letztere hat Hitlers *Mein Kampf* ins Arabische übersetzt).[95] Etwas später folgte Wiesenthals Broschüre *Die antijüdische Hetze in Polen*, wo unter anderem eine interessante Übersicht der Funktionäre der faschistischen Vorkriegsorganisationen zu finden ist, wie etwa „Fatlanga", „Oboz Narodowo Radykalny" und „Oboz Wieliej Polski", die nach dem Krieg in die Spitze der polnischen KP aufgestiegen sind.[96]

Dann ließ Wiesenthal die Polen selber beweisen, wie eng ihr sogenannter *Antizionismus* mit der antisemitischen Geschichte ihres Landes verknüpft ist. Er ließ eine Broschüre des Arztes Prof. *Wlodzimierz Wiaziemski* übersetzen, in der ausführlich analysiert wird, wie die Juden sich in die Wissenschaft, Kunst und Publizistik gedrängt hätten — „Und auf eine besonders perfide Weise untergruben sie die Institution der Familie, und sie propagierten selbst öffentlich die Bordelle, gefolgt von einem kultivierten Luxus, der zusammen mit dem importierten zionistischen Kitsch als ‚westliche Kultur' verkauft wird."[97]

Diese Initiativen machten Wiesenthal in Warschau gerade nicht populär. Die Antwort sollte auch nicht lange ausbleiben.

Im Lauf des Jahres 1967 erschienen die ersten Angriffe der polnischen Presse. Der Tenor war: Wiesenthal war ein zionistischer Spion, er nennt sich zu Unrecht Ingenieur, er hat zur Verhaftung Adolf Eichmanns nichts beigetragen, er hat ein KZ nie von innen gesehen, dafür stand er in den Jahren 1939/45 auf der Gehaltsliste der Gestapo. „Wenn jemand schreibt, daß in Polen Antisemitismus herrscht, dann kann das nur ein Agent der Gestapo sein", sagt Wiesenthal ironisch.[98]

Ende Mai, Anfang Juni 1968 erhielten einige Prager Intellektuelle ein Schreiben mit dem Briefkopf des Jüdischen Dokumentationszentrums in Wien, versehen mit Wiesenthals Unterschrift. Der Unterzeichner ließ seine „besten Freunde" wissen, daß „das Weltjudentum" sehr zufrieden über die Entwicklung während des Prager Frühlings sei. „Die Juden sind die Verfechter der Freiheit, damit sie ihre historische Mission — die geistige Weltherrschaft — nun in optimaler Freiheit erfüllen können." Auf der berühmten Konferenz von Cierna nad Tisou brachten die Russen diesen Brief als Beweis für die „westlichen Kontakte" von Dubček aufs Tapet. Doch die Prager Labors konnten beweisen, daß dieses Dokument eine plumpe Fälschung des polnischen Geheimdienstes war.[99]

Der dritte Angriff aus Warschau datiert aus dem Februar 1973 und wurde unter anderem von der *Neuen Zürcher Zeitung* gemeldet. Diese Zeitung schrieb, daß vom polnischen Verteidigungsministerium „ein antisemitisches Pamphlet" erschienen ist, das versuchte, Simon Wiesenthal vermittels „Denunziationen, Verdächtigungen und Belastungen im Stil des *Stürmers*" in ein schlechtes Licht zu bringen. Das Buch hieß *Im Netz von Simon Wiesenthal* und schildert die Hauptperson als Schlüsselfigur einer weltumfassenden jüdischen Verschwörung. Wiesenthal soll, unterstützt von den Geheimdiensten Israels, der Bundesrepublik und der USA, der wichtigste Inspirator des Prager Frühlings und der russischen Dissidentenbewegung sein. Seine wichtigsten Agenten bei diesen Operationen waren *Richard Nixon*, *Edvard Goldstücker*, *Pavel Kohout*, *Jean-Paul Sartre* und *Simone de Beauvoir*, und seine wichtigsten publizistischen Sprachrohre waren *Der Spiegel*, *Die Süddeutsche Zeitung*, das Pariser Blatt *Kultura*, die Sender *Liberty* und *Free Europe* und — vor dem August 1968 — die Prager Zeitung *Reporter*. Von *Stanislav Budin*, während des Prager Frühlings Chefredakteur des *Reporter*, wird berichtet, daß „dieses Individuum" in Wirklichkeit *Ben Sion Beth* heißen soll. Die meisten polnischen Zeitungen weigerten sich, dieses Pamphlet zu rezensieren, wie aus Warschau berichtet wird, weil selbst im stalinistischen Polen dies „als ein Schandfleck in der Geschichte der polnischen Publizistik" betrachtet wird. Ein Blatt hat diesen Boykott durchbrochen: Das war *Nowe Drogi*, das ideologische Organ der polnischen KP, die das Buch „einen wichtigen Beitrag zur gegenwärtigen Geschichte des Sozialismus" nannte.[100]

Der Anführer dieser Verschwörung, Simon Wiesenthal, reagierte mit Ironie auf das Sperrfeuer von Rusinek, Moczar und der geistverwandten Führer der Arbeiterklasse. „Was würde mit Karl Marx geschehen, wenn er heute in Polen leben würde?" fragte er, um sich gleich selber die Antwort zu geben: „Er würde sicherlich ein Professor an der Warschauer Universität gewesen sein, den man wegen ‚zionistischer Verschwörung' des Postens enthoben und aus dem Land gejagt hätte."[101]

1973, im Erscheinungsjahr des Buches *Im Netz von Simon Wiesenthal*, bekam die polnische KP eine ideologische Rückendeckung von einer westdeutschen Gruppierung, die sich „Deutsche Bürgerinitiative" nennt. Der Leiter dieser Gruppe ist *Dr. Manfred Röder*, ein Rechtsanwalt, der bekannt wurde, als er Sex-Kinos mit Stinkbomben bewarf und eine Ladung Mist auf der Kasseler Kunstausstellung „Dokumenta" deponierte. Etwas später gründete er die „Deutsche Bürgerinitiative" und wurde ihr politischer Führer.

Dr. M. Röders „NSDAP-Aufbauorganisation" ist nicht Deutschlands erste neonazistische Gruppierung, wohl aber ist sie die erste Gruppe mit dieser Signatur, die sich öffentlich auf die geistige Erbschaft des Dritten Reiches beruft und Symbole wie Hakenkreuz und Hitler-Gruß benützt. Am Jahrestag der Wannsee-Konferenz (auf dem die Nazis die Endlösung der Juden beschlossen hatten) demonstrierten sie in Frankfurt, wobei sie die Bundesrepublik eine Dreckrepublik nannten, „in der das zionistische Gesindel das Sagen hat". Auch verteilten sie eifrig Schriften, in denen behauptet wurde, daß die Krematorien von Auschwitz nur ein alliierter Propagandatrick waren. Die Erzählung über die sechs Millionen toten Juden ist „der größte und tragischste Betrug aller Zeiten". Gegen eine dieser Broschüren, *Die Lüge von Auschwitz*, brachte Simon Wiesenthal eine Klage ein. Daraufhin versuchte Röder prompt zu beweisen (in Nachahmung der polnischen Stalinisten), daß Wiesenthal nie in einem KZ gewesen sei, sondern einen Judasdienst im Auftrag der Gestapo verrichtet hätte.

Diese Kontroverse brachte Röder und Wiesenthal am 28. August 1975 in Bensheim vor Gericht. Röder war der Angeklagte. Wiesenthal war Zeuge und mußte nach seiner Vereidigung vorläufig den Saal verlassen. Da etwa hundert Röder-Anhänger von Beginn an auffällig aggressiv gegen den Leiter des Jüdischen Dokumentationszentrums auftraten, fragte ein Polizeioffizier, ob Wiesenthal den Saal über eine Hintertür verlassen wolle. Er verweigerte dies. Die Folge war, daß Wiesenthal sich durch einen Wald von geballten Fäusten durchringen mußte. Sie spuckten ihm ins Gesicht und riefen „Jüdisches Schwein!“, „Juda verrecke!“, „Es stinkt hier nach Knoblauch!“ und „Es sind viel zuwenig Juden vergast worden!“.

Durch die erzwungene Absenz sind Wiesenthal einige Szenen erspart geblieben (wie eine Zeitung schrieb), die an die Sitten des Dritten Reiches erinnerten.

In der Verhandlung zitierte der Anwalt Röders einen Brief, der in dem österreichischen SS-Blatt *Die Kameradschaft* abgedruckt stand: „Sehr geehrter Herr. Ich gestatte mir, Ihnen folgendes mitzuteilen: Ing. Wiesenthal, der sich selbst Eichmann-Jäger nennt, ohne es zu sein, hat folgende Vorgeschichte: Er war bis zum Ende des Polenfeldzuges 1939 auf den Erdölfeldern von Grosny in Polen Vorarbeiter und besitzt den Ingenieurtitel nur aus eigener Machtvollkommenheit. Nach der Zerschlagung Polens setzte er sich nach Rumänien ab. Gleich nachdem das deutsche Lehrregiment in Bukarest und der Sicherheitsdienst eingetroffen waren, trat er in Dienste des letzteren und war bis zur Räumung Rumäniens Mitarbeiter. Später tauchte er in Wien auf und behauptete, rassisch Verfolgter zu sein und lange Zeit in deutschen KZs zugebracht zu haben. Auch diese Behauptung ist — wie sein Ingenieur — frei erfunden. Denn er befand sich nicht einen Tag in einem KZ. Hochachtungsvoll Hermann Munk.“

Die Verhandlung wurde so lange vertagt, bis der Briefschreiber Hermann Munk als Zeuge einvernommen werden kann. Röders Kronzeuge ist aber ein in Argentinien untergetauchter Schwindler, und die Chance ist gering, daß er je vor einem Gerichtshof als Zeuge aussagen wird. Das aber bedeutet, daß jeder Wiesenthal bis zum bitteren Ende ungestraft einen Gestapo-Agenten schimpfen darf.

Die stalinistischen Berufsschläger und die westdeutschen Judenhasser konnten sehr zufrieden sein. Der erste Schlag gegen den „zionistischen Terroristen" war erfolgreich.

Die Munition für den zweiten Schlag gegen Wiesenthal lag in einem Safe des Arbeitszimmers des österreichischen Innenministers *Otto Rösch*, der im Jahr 1970 von Wiesenthal selbst als ehemaliges Mitglied der SA und der NSDAP qualifiziert wurde. Der interessierte Besucher wird, wenn er strengste Diskretion verspricht, sehen, was Rösch in diesem Safe aufbewahrt. Es ist eine Abschrift des Briefes von *Hermann Munk*, nebst einer deutschen Übersetzung der oben erwähnten polnischen Publikation, betreffend Wiesenthal.

Mit diesen Dokumenten versuchte 1975 Bundeskanzler Bruno Kreisky, Simon Wiesenthal ein für allemal das Genick zu brechen.

Der Mann muß verschwinden

Die Plakatwände ließen nicht den geringsten Zweifel daran, daß der alle vier Jahre wiederkehrende Nationalrats-Wahlkampf im Gang war, als ich Anfang Herbst 1975 mit dem Taxi vom Flughafen Schwechat in die Innenstadt Wiens fuhr. Aber wie konnten die politischen Parteien eine Wahl mit solchen einfallslosen Parolen wie „ÖVP — Zusammenarbeit für Österreich", „FPÖ — Notwendig für die Demokratie" oder „SPÖ — Sicherheit und eine gute Zukunft" schlagen? Auf einem Plakat auf dem Schwarzenbergplatz war mit Filzstift auf die Wangen des Kanzlers der Spruch „Bruno Kreisky — jüdischer Bankrotteur" geschrieben worden.

Die Art, wie die drei wichtigsten Parteien um die Wählergunst warben, war einschläfernd. Ihre Parteiprogramme unterschieden sich nur bei unwichtigen Punkten. Selbst FPÖ-Chef *Friedrich Peter* hielt sich auffallend zurück, zweifellos in der Hoffnung, daß er, wenn die SPÖ die absolute Mehrheit verliert, Vizekanzler einer SPÖ-FPÖ-Koalition werden würde.

Vorläufig aber war die Langeweile Trumpf. Es schien damals, daß SPÖ, ÖVP und FPÖ sich untereinander abgesprochen hätten, um einige Punkte, bei denen man sich in der letzten Zeit im Parlament uneins war — zum Beispiel die Abtreibung —, aus dem Streit herauszuhalten. Die Sozialisten waren Vorkämpfer einer Liberalisierung der Abtreibungsbestimmungen. Die Katholiken waren dagegen. Merkwürdigerweise waren die Freiheitlichen auch gegen die Abtreibung.

Ich sprach mit *Dr. Tassilo Broesigke*, dem Rechtsexperten der FPÖ-Fraktion. „Es ist gar nicht so merkwürdig", sagte dieser Politiker. „Wir betrachten die Abtreibung als Mord und stehen daher auf der Seite des ungeborenen Lebens. Die Freiheit der Abtreibung ist für uns kein typischer liberaler Forderungspunkt."

Ein paar Tage später traf ich den Parteiführer *Friedrich Peter* zufällig in der Kärntnerstraße. Ich fragte ihn, ob der „nationale Flügel" der FPÖ nicht mit gemischten Gefühlen einer möglichen Bundesgenossenschaft mit den Sozialisten gegenüberstehe.

„Nein", sagte Peter, „da wird in meiner Partei von links bis rechts positiv darüber gedacht. Wir sind zwanzig Jahre in der Opposition gesessen und nun wollen wir einmal Regierungsverantwortung ausüben."

Innerhalb der SPÖ gab es niemanden, so die *Wochenpresse*, der gegen ein Zusammengehen mit der FPÖ Widerstand leistete. Der ÖVP-Abgeordnete *Dr. Walter Hauser* erklärte mir ironisch, wie das zu verstehen sei: „Kreisky ist eben König Midas. Wenn er einen Nazi in die Hand nimmt, dann ist der plötzlich kein Nazi mehr." Kreisky hat, so erfuhr ich aus Zeitungsarchiven, im voraus Rückendeckung bei seinen einundzwanzig vergasten Familienmitgliedern gesucht. „Ich finde es eigenartig", sagte Wiesenthal, „stumme Naziopfer posthum als Beweis einer sittlichen Rechtfertigung der Verbindung zwischen Sozialisten und Faschisten zu gebrauchen."

Ich war in seinem Jüdischen Dokumentationszentrum auf dem Rudolfsplatz eingetroffen, mehr aus Höflichkeit als mit einer sachlichen Absicht, denn — so hat Wiesenthal am Telefon gesagt — er fände es nicht richtig, sich in den Wahlkampf einzumischen.

„Warten Sie ab", sagte er geheimnisvoll. „Wie auch immer die Wahlen ausgehen, es kommt zu keiner Koalition zwischen SPÖ und FPÖ."

Sonntagmorgen, den 5. Oktober 1975 harrte ich in dem vornehmen Kaffeehaus „Tirolerhof" hinter der Wiener Staatsoper der Dinge, die dieser Wahltag bringen würde. Da kam tatsächlich *Friedrich Peter* herein, nach der Abgabe seiner Stimme. Er grüßte nach rechts und links. „Guten Tag, Herr Parteiobmann", sagte auch ich. „Grüß Gott", sprach Peter freundlich. Er bestellte eine Melange, noch nicht ahnend, daß die kommenden Tage sehr unangenehm für ihn sein werden. Es war der Anfang der verlorenen Illusion einer Vizekanzlerschaft. Die Wahlen brachten keine Verschiebung, ließ Minister Rösch um 20 Uhr offiziell wissen. Die SPÖ behielt ihre 93 Sitze, die ÖVP ihre 80 und die FPÖ ihre 10. Das dritte Kabinett Kreisky sollte wieder mit Sozialdemokraten besetzt werden.

Am 9. Oktober 1975, vier Tage nach der Wahl, gab Simon Wiesenthal eine Pressekonferenz, auf der er bekanntgab, daß *Friedrich Peter*, Kreiskys Fast-Vizekanzler, weit von fleckenloser Kriegsvergangenheit entfernt sei. Peter hat selbst immer gesagt, „nur" SS-Obersturmführer bei einem Panzerbataillon der SS-Division „Das Reich" gewesen zu sein, was im toleranten Österreich, wie wir langsam wissen, eine normale Position in einer normalen Einheit darstellt. Was Peter aber in Wirklichkeit war, hat Wiesenthal herausgefunden: ein Angehöriger der 1. SS-Infanteriebrigade, einem unter dem direkten Befehl Himmlers stehenden Mordkommando, dessen Spezialaufgabe es war, „Partisanen, Juden und Zigeuner" zu liquidieren. Die Tätigkeit von Peters Einheit war mit deutscher Gründlichkeit in einem Kriegstagebuch aufgezeichnet, das vor ein paar Jahren vom Staatsarchiv der Tschechoslowakei freigegeben wurde.[102]

Wiesenthal verteilte unter seine Zuhörer Fotokopien der wichtigsten Seiten, um deutlich zu machen, was Peter meinte, wenn er davon sprach, im Krieg „nur seine Pflicht als Soldat" getan zu haben.

Man lese zum Beispiel den Bericht des Zeitraums zwischen 31. Juli und 13. August 1941:

„Am 30. 7. 1941: Beendigung der Säuberungsaktion: Erschießung von 800 Juden und Jüdinnen im Alter von 16 bis 60 Jahren wegen Begünstigung des Bolschewismus und bolschewistischer Freischärler.

Am 4. 8. 1941: Säuberungsaktion in Ostrog, Kuniow und Radohoszcz: Ergebnis: Erschossene insgesamt: 1385 Personen. Davon Juden: 1384. Freischärler: Einer.

Am 7. 8. 1941: Säuberungsaktion der Regimentseinheiten SS-I.R. 10 in Tschernjachow: Beginn: 7. 8., 15 Uhr. Beendigung: 8. 8., 11 Uhr. Ergebnis: Erschossene: 232 Juden, die bolschewistischen Banden Vorschub geleistet haben. 17 russische Soldaten in Zivilkleidern, die sich am Tage in Wäldern und Feldern aufhielten, bei Nacht in Dörfer kamen und die Bevölkerung beunruhigten.

Am 9. 8. 1941: Säuberungsaktion im Raum Tschernjachow—Shitomir—Wilsk: Beginn: 5.15 Uhr. Beendigung: 18.10 Uhr. Ergebnis: 59 Juden erschossen, 8 Russen gefangen. Waffensuche ohne Erfolg.

Am 12. 8. 1941: Pripjet: Weiber und Kinder in die

Sümpfe zu treiben hatte nicht den Erfolg, den es haben sollte, denn die Sümpfe waren nicht so tief, daß ein Einsinken erfolgen konnte."

Einen Tag nach der letzten Eintragung, am 13. August 1941, beklagte sich der SS-Standartenführer *Fegelein* schriftlich bei seinen Vorgesetzten in Berlin über die Tatsache, daß seine Brigade noch keine Eisernen Kreuze bekommen hätte. Himmler schickte postwendend 31 Exemplare dieser Auszeichnung an die Front. Kurze Zeit später wurde auch der damalige SS-Unterscharführer Peter ausgezeichnet, was ein Beweis sein dürfte, welchen Anteil er an diesen militärischen Aktionen gehabt hat.

Dies war, angesichts der innenpolitischen Verhältnisse in Österreich, explosives Material. Der erste, der explodierte, war Bundeskanzler Kreisky, einen Tag nach Wiesenthals Enthüllungen. Der lange, konfuse und aggressive Monolog, den Kreisky vor der Auslandspresse hielt, wies auf einen hohen Grad von Erregung hin.

„Sehen Sie, um diese lange Geschichte jetzt abzuschließen, möchte ich sagen, das alles ist für mich eigentlich eine barocke Angelegenheit, die nur aktualisiert wurde durch Herrn Wiesenthal, den ich eigentlich nur kenne aus Geheimberichten, und die san schlecht, die sind sehr übel... Und der Herr Wiesenthal hat halt zur Gestapo, behaupte ich, eine andere Beziehung gehabt als ich, ja, nachweisbar. Mehr kann ich nicht sagen, alles andere werde ich beim Prozeß sagen... Das wird ein großer Prozeß deshalb, hoffe ich, deshalb, weil ein Mann wie er kein Recht hat, nach alldem eine moralische Autorität zu spielen, behaupte ich. Weiters behaupte ich, daß er kein Recht hat, seinen Lebensunterhalt zu verdienen, indem er andere Menschen verfolgt... Er hat nicht das Recht, in der österreichischen Politik zu bestimmen, der Mann muß verschwinden... Und ich sage noch einmal, das hat überhaupt nichts damit zu tun, daß es hier darüber eine politische Auseinandersetzung gibt, ob ein Mann, der meiner Ansicht nach ein Agent ist, ja, und mit den Methoden einer Mafia arbeitet, damit als alles bei Gericht leichter festgestellt wird, mit den Methoden einer Mafia arbeitet ... Nein, er soll nur nicht vorgeben, das Gewissen für etwas zu sein, das er nicht sein kann, weil dazu einiges zu unklar ist in seiner Vergangenheit."

„Meinen Sie, daß Wiesenthal ein Gestapo-Agent war?" fragte ein Reporter von UPI.

„Ich behaupte, daß Herr Wiesenthal in dieser Zeit einen Teil in der nazistischen Einflußsphäre gelebt hat, ohne daß er verfolgt wurde. Ja? Und er offen gelebt hat, ohne daß er verfolgt wurde, ja? Ist das klar?"[103]

Wie es bei solchen Affären üblich ist, liefen die Hauptbetroffenen zu ihren Anwälten. Peter brachte eine Klage gegen Wiesenthal ein. Wiesenthal klagte Kreisky, die Immunität des Bundeskanzlers negierend, und Kreisky sagte, daß er versuchen werde, die Volksvertretung zu überzeugen, seine Immunität aufzuheben.

Inzwischen hatte die erstaunte Weltöffentlichkeit vernommen, daß ein Mann wie Wiesenthal von niemand anderem als vom österreichischen Bundeskanzler beschuldigt wurde, ein Gestapo-Agent gewesen zu sein.

Die Neofaschisten sahen dem Schauspiel dieser zwei auf Leben oder Tod ringenden Juden mit Vergnügen zu. Dank Kreiskys Aktivitäten „ist das Tabu des Wiener Menschenjägers zerbrochen", so stellten die *Deutschen Nachrichten* fest (das Organ der westdeutschen NDP).[104]

Inzwischen zerbrachen sich einige den Kopf darüber, welches Beweismaterial und welchen Zeugen Kreisky den österreichischen Gerichten bringen will, um zu beweisen, daß Wiesenthal mit den Nazis kollaboriert hätte. Vielleicht meinte der Bundeskanzler jene Tätigkeit Wiesenthals — wie übrigens in seiner eigenen Autobiographie zu lesen ist —, als er den deutschen Reichsadler auf erbeutete russische Lokomotiven aufmalen mußte. Das kann man sicherlich als Kollaboration bezeichnen, wenn man dieses lateinische Fremdwort wörtlich übersetzt. „Hätte ich mich weigern sollen, den Adler aufzupinseln, um dann verfolgt und erschossen zu werden?“ fragte Wiesenthal.

Und welche „Zeugen“ wird Kreisky aufbringen? „Jüdische Kreise“ meinten (so die deutsche Illustrierte *Quick*), Kreiskys Kronzeugen gefunden zu haben.

„Was für Gefühle hegen Sie gegen Wiesenthal?“ fragte der Journalist. „Hassen Sie ihn?“ — „Nein“, sagte der Befragte. „Wiesenthals Zeit ist vorbei. Es ist nicht möglich, es ist unmöglich, den Haß so zentral in sein Leben zu stellen, ohne dabei zugrunde zu gehen.“

„Was bewegt Sie, so zu handeln?“

„Einerseits das Gefühl, mithelfen zu müssen, den von Haß getriebenen Wiesenthal zur Besinnung zu bringen, andererseits die Überzeugung, daß ich bei dieser Auseinandersetzung nicht einfach wegblicken darf. Ich kann der Wahrheit einen Dienst erweisen, also muß ich es tun.“[105]

Kreiskys wahrheitsliebender Kronzeuge war der flämische SS-Offizier *Robert Jan Verbelen*, der nach Österreich flüchtete, nachdem Belgien ihn wegen seiner Verbrechen zum Tode verurteilt hatte.

Glücklicherweise wurde die Diskussion nicht nur von Kriminellen und Vorbestraften geführt. Die Alpenrepublik möge eine hohe Zahl von Antisemiten beherbergen, Wiesenthals beherzte Ausführung über die Unmöglichkeit einer „Kollektivschuld" fand im Protest einiger anständiger Österreicher ihre verdiente Bestätigung.

„Was heißt schon die Formel ‚Ich habe als Soldat meine Pflicht getan'? Was versteht Friedrich Peter unter einer Pflichterfüllung der SS?" ... „Hatten doch Tausende, ja Zehntausende Juden die Frechheit, sich von anständigen, tapferen und natürlich unschuldigen Angehörigen der SS-Sonderkommandos erschießen zu lassen." ... „Wäre ich Peter, würde ich nunmehr zu einem 20. Parteitag der FPÖ einberufen mit folgender Tagesordnung: 1. Ernennung von Bruno Kreisky zum Ehrenarier. 2. Anschluß der FPÖ an die SPÖ, also Bildung einer neuen Partei. 3. Bestellung Friedrich Peters zum Stellvertreter des Führers und Zuteilung der Mitgliedsnummer 2."[106]

Die einzige politische Partei, die sich merkwürdigerweise mit Wiesenthal solidarisierte, war die ÖVP. Es wird hier sicherlich eine Portion einer gewissen parteipolitischen Opportunität mitgespielt haben, aber der größte Teil der ÖVP-Bemühungen zeichnete sich durch authentische Noblesse aus. „Wenn er [Kreisky] an Wiesenthal Formfehler entdeckte [nicht Ungesetzlichkeiten], dann möge er bitte den Hintergrund von sechs Millionen Juden auch nicht ganz außer acht lassen!" schrieb die ÖVP-Zeitung *Neues Volksblatt*.[107] Und das katholische Wochenblatt *Die Furche* schrieb: „Dieses sogenannte Kriegstagebuch hat nichts mit Krieg zu tun, sondern mit kaltem Mord."[108] Der Psychologe

Wilfried Daim beschrieb Kreiskys „psychologisches Stalingrad" in den *Österreichischen Monatsheften*, dem theoretischen Organ der ÖVP: „Kreisky wuchs sicherlich in einer antisemitischen Umgebung auf. Er und seine Familie wurden wohl wiederholt verhöhnt wegen ihrer Zugehörigkeit zum Judentum. In solch einer Minoritätensituation finden sich immer welche, die dem Makel, dem sie in dieser Gesellschaft ausgesetzt sind, entgehen und entfliehen wollen. Sie übernehmen also die Minderbewertung der Majorität — ‚Identifikation mit dem Aggressor' heißt dieser Mechanismus in der Psychoanalyse — und halten sich selbst ob ihrer Zugehörigkeit zur Minorität für etwas Minderwertiges. Sie versuchen diesen Makel von sich loszubekommen."[109]

Und als Kreisky plötzlich versuchte, die ganze Angelegenheit einem parlamentarischen Untersuchungsausschuß zu übergeben, bezeichnete dies der Fraktionsführer der ÖVP *Dr. Stephan Koren* als „untragbar". Denn es ist untragbar, betonte Koren im Parlament, zuerst lauthals von einem „Monster-Prozeß" zu sprechen, wofür man die parlamentarische Immunität sogar aufheben lassen wollte, und dann, wenn man sieht, daß man als Angeklagter verlieren wird, sich selbst zum Kläger machen zu wollen, zu einem Kläger, der sich durch eine parlamentarische Kommission gestützt weiß, in der seine Freunde die Mehrheit haben. „Das, meine Damen und Herren, ist kein Ausschuß zur Untersuchung der Vollziehung der Bundesregierung, sondern ein Ausschuß, der Vorwürfe eines Regierungsmitgliedes gegenüber einer Privatperson politisch abhandeln soll. Ich könnte eine solche Vorgangsweise nicht anders bezeichnen denn als Kabinettjustiz."[110]

Langsam kam auch Bruno Kreisky zur Einsicht, seine Kompetenz überschritten zu haben. Er begann langsam mit dem Rückzug. Hat er Wiesenthal einen Nazikollaborateur genannt? Das ist nicht wahr: „Übrigens möchte ich festhalten, daß ich Wiesenthal nicht als Nazikollaborateur bezeichnet habe, wie einige Agenturen vor einiger Zeit fälschlicherweise mir zugeschrieben haben."[111] In der Wiener Buchhandlung Frick hat er alle vorhandenen Wörterbücher auf der Suche nach einer nicht so belasteten Interpretation des Wortes Mafia durchgeblättert. Sieh mal einer an, in Wahringers *Deutschem Wörterbuch* findet sich dafür die Erklärung „Prahlerei". „Na, trifft das nicht auf Wiesenthal zu?" sagte der Kanzler. Das englische Wörterbuch *Chambers* schreibt: „Die Mafia bevorzugt eher private als legale Justiz." „Genau das habe ich gemeint", strahlte der Kanzler.[112]

Anfang Dezember 1975 wurde bekannt, daß Wiesenthal seine Klage zurückgezogen und daß der Kanzler seinerseits die Idee einer parlamentarischen Untersuchungskommission fallengelassen habe. Ständig zwischen den beiden Parteien hin und her pendelnde Unterhändler hatten Kreisky und Wiesenthal beschworen, mit ihren widersinnigen Feindseligkeiten aufzuhören, um dem Ansehen Österreichs nicht noch mehr zu schaden. Kreisky, der noch immer mit Blindheit und mit dem Aberglauben geschlagen war, in dem Safe von Minister Rösch befinde sich Material, weigerte sich anfänglich, eine Vereinbarung zu treffen. Als er aber erfuhr, daß der SSler *Gogl* freigesprochen worden war, war er der Meinung, daß Österreich es sich nicht leisten könne, einen Mann wie diesen SS-Unterscharführer laufen zu lassen, gleichzeitig aber Wiesenthal auf die Anklagebank zu bringen.

Und Wiesenthal? Was konnte er anderes tun, als dieser Art von Vergleich zuzustimmen? Die Klage, die er gegen Kreisky eingereicht hatte, wäre unzweifelhaft in dem Augenblick im Sande verlaufen, wenn der Kanzler nicht mehr von „der Frage der Aufhebung meiner Immunität" gesprochen hätte. Von der von Kreisky angestrebten parlamentarischen Untersuchungskommission konnte er angesichts der Tatsache, daß SPÖ und FPÖ die Mehrheit besaßen, ausgerechnet jene Parteien, die seinen Kopf forderten, nichts Gutes erwarten. Ebenso wurde auf ihn großer Druck ausgeübt, sowohl vom Staat Israel als auch von der Jüdischen Gemeinde in Wien; beide zeigten sich bestürzt, daß diese Affäre in ein solches Ausmaß an Judenhaß mündete, wie es das Nachkriegsösterreich noch nicht erlebt hat.

Der entscheidende Faktor war aber die Frau Wiesenthals. Sie hat während der ganzen Kreisky-Kampagne das Haus nicht verlassen, sie weigerte sich, eine Zeitung zu lesen, sie ließ den Schaltknopf des Fernsehapparates unberührt, und sie zog sich sogar von Freunden und Bekannten zurück.

Man könnte sagen, wer Mauthausen überlebt hat, der wird auch imstande sein, Bruno Kreisky zu überleben.

„Sicher", so *Cyla Wiesenthal.* „Aber damals waren wir noch jung!" Und sie beschwor ihren Mann nochmals, den Vergleich anzunehmen, auch wenn einige Böswillige das als Kapitulation ansehen.

„Das macht doch nichts aus, was die Menschen denken", sagte sie. „Wenn wir nur endlich unsere Ruhe haben."

Daher tat Wiesenthal das, was er fast schon verlernt hatte: Er akzeptierte einen Friedensvertrag. Etwas später gab er bekannt, daß er in Zukunft die österreichischen Kriegsverbrecher in Ruhe lassen würde. Die ganze Mühe um all seine bisherigen Aktivitäten war doch wegen dauernden Freispruchs oder Einstellung des Verfahrens vergeblich. Darum wird er sich in Zukunft nur mehr auf Westdeutschland, die Vereinigten Staaten und den Ostblock konzentrieren.

„Nur Don Quichotte würde weitermachen", resignierte er.[113]

Epilog

Was sich hier in Wien abspielte, war nach meinem Gefühl entwürdigend. Wie kann in einer demokratisch aufgebauten Gesellschaft, so sollte man meinen, eine Person auf dem Altar des politischen Opportunismus geopfert werden? Und das unter dem schweigenden Zusehen der regierenden Sozialisten.

„Das begreife ich nicht, warum Wiesenthal, als man ihm wirklich nichts anlasten konnte, seine Klage gegen Kreisky zurückzog“, sagten wohlwollend Bekannte.

„Der Mann ist geschlagen, das KZ überlebt zu haben. Und er glaubte, daß die Verbrecher bestraft werden müssen. Muß er sich deswegen entschuldigen?“ sagte ich.

Diese Art Gedankenaustausch gab mir, zu meinem eigenen Erstaunen, ein ungewöhnliches Gefühl des Unbehagens. Dasselbe Unbehagen traf mich im Februar 1976, als ich nochmals nach Wien flog, ohne genau zu wissen, was ich hier noch suchen sollte. Sicher, ich konnte ein paar Tage lang die Archive durchstöbern, um dort zu finden, was ich schon wußte. Ich konnte mich in die Parteizentralen begeben, um lästige Fragen zu stellen, deren Antworten mir schon im voraus bekannt waren. Aber in Wirklichkeit wollte ich zwei Dinge: Ich wollte persönlich sehen, ob diese Affäre Wiesenthal so hart mitgenommen hat, wie ich vermutete und fürchtete. Und ich wollte mit Kreisky reden. Angenommen, er wollte mich empfangen. Wahrscheinlich, so vermutete ich, wird er aber einen Hund auf mich hetzen.

In der Morgenzeitung las ich, daß ich den Besuch bei Kreisky vergessen könne. Der Kanzler fuhr ins Ausland. Im Rahmen eines Staatsbesuches in der Tschechoslowakei besuchte er auch das KZ Theresienstadt, wo der größte Teil seiner Familienmitglieder umgekommen ist. *Friedrich Peter* ist auf Ersuchen des Regierungschefs mitgefahren.

„Kameraleute und Fotografen bemühten sich ununterbrochen, mit Teleobjektiven das sicherlich nicht nur von Februarkälte versteinerte Gesicht des FPÖ-Parteiobmannes Friedrich Peter aus der Delegationstraube herauszufiltern und vor einen wirkungsvollen Hintergrund — etwa den riesigen sechsarmigen Betonleuchter des jüdischen Friedhofes — zu setzen." So in einem Artikel in der *Arbeiter-Zeitung*.[114] Nein, *Willy Brandt* und *Bruno Kreisky* sind doch nicht vom gleichen Holz geschnitzt, wie wir lange dachten. Brandt negierte doch die Unzufriedenheit seiner Landsleute über seinen öffentlichen Kniefall vor dem Denkmal im Warschauer Ghetto. Kreisky nahm einen SS-Obersturmführer nach Theresienstadt mit, um seinen Untertanen nochmals demonstrativ zu zeigen, daß — was ihn betrifft — das Vergangene vergeben und vergessen ist. Ich vermutete, daß sich so manches Mitglied der Familie Kreisky, das in Theresienstadt umgekommen ist, im Grab umgedreht hat. Dazu kommen noch eine gehörige Portion außenpolitischer Unklugheit und eine Geschmacklosigkeit.

Wiesenthal befand sich ebenfalls im Ausland. Er war in Brüssel im Rahmen eines Kongresses über das Los der Juden in der Sowjetunion, doch sollte er Ende der Woche zurückkehren. Deshalb ging ich in eine Bibliothek. Welche neuesten Entwicklungen an der politischen Front gab es?

Die Kriegsvergangenheit des Friedrich Peter schien die FPÖ doch nicht ganz unberührt gelassen zu haben. Zwei hohe Parteifunktionäre — ein stellvertretender Parteivorsitzender (Otto Scrinczi) und der Landesvorsitzende von Niederösterreich (Fritz Rotter le Beau) — hatten es gewagt vorzuschlagen, den Parteiführer durch eine weniger umstrittene Figur zu ersetzen. Zur Strafe mußten sie zurücktreten.[115]

Das *Salzburger Volksblatt* widmete der Kandidatur des Österreichers *Wolfgang Wick* für die Präsidentschaft des internationalen Rotary-Clubs einen Artikel. Aber auch dieser Sohn der Alpenrepublik war ein Mitglied der SS gewesen, was vor allem außerhalb Österreichs einige Entrüstung hervorrief. „Das starke, einflußreiche, finanziell mächtige Judentum in Holland ist dabei federführend", meldete man in Mozarts Geburtsstadt.[116]

In Linz hatte das angesehene Meinungsforschungsinstitut IMAS die Reaktion der Oberösterreicher zur Affäre Kreisky–Wiesenthal getestet. 59 Prozent unterstützten Kreisky, 29 Prozent waren neutral. 13 Prozent gaben keine Antwort und nur 3 Prozent unterstützten Wiesenthal. Bei den Jüngeren (16—29 Jahre) war es besser: 44 Prozent für Kreisky und 6 Prozent für Wiesenthal. Bei den Älteren (über 50 Jahre) war die Sympathie für Wiesenthal so gering, daß der Computer gar keinen Prozentsatz auswarf.[117]

Auf der Stellage mit den politischen Zeitschriften lag *Die Zukunft*, das theoretische Organ der SPÖ. Tatsächlich hatte zum erstenmal in dieser ganzen Affäre ein prominenter Sozialist seine Stimme gegen Kreisky erhoben. Es war *Paul Blau*, früher Chefredakteur der *Arbeiter-Zeitung*, bis er auf einen Antrag des Parteivorsitzenden durch einen willigeren Parteigenossen ersetzt wurde.

Blau begann seinen Artikel mit einem kurzen Zitat aus dem Urteil, das von einem bayerischen Gericht 1974 über einen Kollegen Peters in der 1. SS-Infanteriebrigade gefällt wurde. „Soweit die Opfer nicht gleich tot waren, schoß der Angeklagte mit der Maschinenpistole nach. Zeigten nach der Schußabgabe mehrere Personen noch Lebenszeichen, schossen der Angeklagte und die Schützen so lange in die Grube, bis sich nichts mehr rührte. Die Kleinkinder mußten von ihren Müttern den ... Schützen so hingehalten werden, daß sie ebenfalls in den Kopf geschossen werden konnten."

Warum, schreibt Blau, haben Parteivorstand, Parlamentsfraktion und Parteiorganisation geschwiegen, als Wiesenthal bekanntgab, daß der mögliche Minister Peter Mitglied dieses Mordkommandos war? Und warum wurde ebenso geschwiegen, als Kreisky sich selbst vom Angeklagten zum Kläger machte, indem er Wiesenthals Tätigkeit Privatjustiz nannte, der endlich das Handwerk gelegt werden müsse? Welches Handwerk hat Kreisky gemeint? So stellte Blau sich die Frage: „Welches Handwerk soll eigentlich Wiesenthal gelegt werden? Das Aufspüren versteckter Kriegsverbrecher? Das Sammeln von Beweismaterial und dessen Übergabe an die Behörden? Wenn das Privatjustiz wäre, füllte sie eine wichtige Lücke." Und wenn die Beschuldigung über mögliche Mitarbeit bei der Gestapo sich als richtig herausgestellt hätte, so hätte Kreisky zu Gericht gehen und sich nicht der Rückendeckung einer parlamentarischen Untersuchungskommission versichern müssen. „Alles andere wäre Rufmord, begangen vom Bundeskanzler an einem trotz aller vielzitierten Beziehungen vergleichsweise wehrlosen Staatsbürger. Wiesenthal ist unser politischer Gegner, doch kann ich darin nicht die geringste Spur einer Rechtfertigung für das Geschehene erblicken."[118]

Gerade an dem Tag, als die betreffende Nummer der *Zukunft* ausgeliefert wurde, distanzierten sich die beiden Zentralsekretäre der SPÖ *Friedrich Marsch* und *Karl Blecha* von *Paul Blau*. Es war, sagten sie, „bloß die Meinung eines einzelnen, die von der großen Mehrheit der Parteimitglieder nicht geteilt werde". Die beiden Parteifunktionäre haben wahrscheinlich keine Sekunde an die Möglichkeit gedacht, wie kompromittierend das für die österreichischen Sozialisten sein könnte, was sie sagten.

Um die Jahreswende 1975/76 zog Wiesenthals Jüdisches Dokumentationszentrum vom Rudolfsplatz in die einige Straßen weiter gelegene Salztorgasse um. Eine Organisation, die sich selbst „Arische Sturmscharen" nannte, hatte Wiesenthals Büro mit hektographierten Drohbriefen eingedeckt, so daß der Hausherr Druck ausübte. Man müßte eigentlich sagen, Wiesenthal ist auf die Straße gesetzt worden. Das hatte zur Folge, daß Wiesenthals Büro jetzt zweimal so groß ist als früher. „So hat der ganze Unsinn von Kreisky eigentlich auch etwas Gutes gehabt", sagte Wiesenthal. Er dürfte die Erlebnisse der abgelaufenen Monate recht gut überstanden haben. Sicherlich, er hat einige graue Haare mehr bekommen und hat etwas abgenommen, aber er war ohnedies vorher nicht allzu mager. Wir nahmen in seinem Büro Platz.

Wiesenthal blätterte in seinen Schriften und sah nach, ob er noch ein Exemplar der Schmähschriften der bereits erwähnten „Arischen Sturmscharen" hätte. Doch diese Schriften schienen spurlos in der ausgebreiteten Sammlung antisemitischer Drohbriefe untergetaucht zu sein. Er zeigte ein paar Beispiele und murmelte: „Das ist nichts Besonderes, das finde ich freilich jeden Tag unter meiner Post. Aber hier, schauen Sie sich das an..."

Und Wiesenthal las eine Passage aus einem Brief vor, den ein Politologe aus Leiden (Niederlande) Kreisky geschrieben hatte: „...denn auch diejenigen, die Sie einmal respektiert und bewundert haben, sind entsetzt über Ihre Äußerungen. Ein paar Tage später sprach ich mit Dr. Willem Drees, ehemals Ministerpräsident unseres Landes. Er kennt Sie und hat Sie immer sehr bewundert. Nun zeigt er sich persönlich entsetzt über die durch Sie betriebene Infamie."

Und er las ein zweites an Kreisky gerichtetes Schreiben vor, diesmal aus der Feder eines alten polnischen Juden, der in einem Gemisch von Jiddisch und Deutsch schrieb, wie seine Kinder Abraham, Mosche, Riwka und Chaja Rachel in Treblinka vergast worden sind: „...und ich bin gebliben einsam. Alein! Habe mer kein Kindern Gewein oder Gelechter gehert, und werden schon nimals Heren den ruf OPA! Haben Sie herr Kanzler auch ein Mitel für mein zerbrochen Fater-Herz?"

Wiesenthal reibt lange seine Augen. „Nehmen Sie mir es nicht übel!" sagte er und fährt fort:

„Denken Sie nur ja nicht, daß Kreisky auch nur einen dieser Briefe liest, geschweige daß er sie beantwortet. Und die SPÖ läßt alles das durchgehen. Gut, der Artikel von Paul Blau ist mir natürlich aus dem Herzen gesprochen, aber das ist nur ein Artikel. Der Rest schweigt. Ist der linke Flügel der SPÖ 1976 nur durch einen Mann repräsentiert? Ich begreife nicht ganz, was daran ‚sozialistisch' genannt werden kann, wenn man mit den Mördern von gestern kollaboriert."

Hat er, so fragte ich, wirklich den Plan, in Hinkunft die Nazis unbehelligt zu lassen?

„Ja", sagte Wiesenthal. „Als Gogl freigesprochen wurde, wußte ich, daß es hoffnungslos ist. Wirklich, kein Prozeß ist je besser vorbereitet gewesen als der gegen ihn. Dasselbe gilt übrigens auch für den Prozeß gegen Ertl und Dejaco, die die Gaskammern von Auschwitz gebaut haben. Was sage ich? Gebaut? Sie haben sie nachher noch repariert, was moralisch noch verwerflicher ist. Vier Millionen Menschen sind in diesen Gaskammern umgekommen, und doch sind sie freigesprochen worden. So habe ich beschlossen, daß das, jedenfalls soweit es Österreich betrifft, ein Ende haben soll. Aber denken Sie nicht, daß ich mit den Verfolgungen ganz aufhöre. Ich habe nun eine Liste von Nazis zusammengestellt, die in den USA untergetaucht sind. Und es gibt noch genügend in der Bundesrepublik zu tun, wenn die Justiz mit der Verfolgung von Kriegsverbrechern Ernst macht. Und Freitag verreise ich für einen Monat nach Amerika, denn ich wurde eingeladen, eine Reihe von Vorträgen zu halten. Vergessen Sie nicht, daß ein großer Teil meiner Aktivitäten nicht mehr soviel mit den Nazis zu tun hat. Nehmen Sie nur die Konferenz in Brüssel, wo es um die Juden Rußlands ging."

Seine Bemühungen mit der letztgenannten Frage werden ihm im Ostblock nicht viel Popularität einbringen, bemerkte ich.

„Nein“, sagte Wiesenthal. „Dafür bin ich schon jahrelang ‚ein unverbesserlicher Antikommunist‘. Doch kann ich nicht einsehen, was es bei meinem Standpunkt zu handeln gibt. Sehen Sie, der Nationalsozialismus hatte eine verbrecherische Theorie und eine verbrecherische Praxis. Der Kommunismus ist in der Praxis immer verbrecherisch, auch wenn er in der Theorie human ist. So wie das, was Kreisky tut, nichts mehr mit Sozialismus gemein hat, so kann man auch das, was Breschnjew tut, unmöglich Kommunismus nennen. Ist das der Standpunkt ‚eines unverbesserlichen Antikommunisten‘? Ich finde das nicht. Ich finde, das ist ein differenzierter Standpunkt.“

Er lehnt sich über seinen Schreibtisch und öffnet die Post, inzwischen führt er gleichzeitig ein Telefongespräch mit einem Opernsänger, der ihn zum Tee einlädt. Er entschuldigt sich. Das Datum der Einladung fällt mit der Tournee in die Vereinigten Staaten zusammen. In der Korrespondenz findet sich eine ähnliche Einladung in das australische Adelaide. „Und so geht das die ganze Woche fort.“

Am folgenden Abend begab ich mich auf seine Einladung hin in ein Haus in der Reichsratstraße. Ich bekam einen Sitzplatz in einem einfachen Zimmer, von einer Lampe mit sechs elektrischen Birnen beleuchtet. An der Mauer hing ein Plakat über den bevorstehenden „Tag des Antifaschismus“. In der einen Ecke lag ein Stapel Telefonbücher. In der anderen Ecke stand ein Radio. Der österreichische Widerstand hat zu einem Vortrag eingeladen, den Simon Wiesenthal über die Frage „Keine Nazi-Prozesse mehr in Österreich?“ halten sollte. Der Leiter des Jüdischen Dokumentationszentrums ergriff das Wort. Unter anderem sagte Wiesenthal: „Es ist symptomatisch, daß es in Österreich zum Beispiel keinen einzigen Prozeß gegen jene gab, die die Synagogen in Brand gesetzt hatten. Dutzende Zeugen haben die Flammen gesehen: in Linz, in Innsbruck und in Wien. Aber die Justiz weigert sich, die Täter noch zu bestrafen... Es war ja schon in einem früheren Stadium erkennbar, daß die Entnazifizierung mißglücken wird. Das war schon in den ersten Tagen des kalten Krieges bemerkbar, als die beteiligten Parteien andere Sorgen hatten als die Ereignisse während des Dritten Reiches. Und Sie wissen: Weder Ost noch West ist als Sieger aus dem kalten Krieg hervorgegangen. Der einzige Sieger waren die Nazis... Als 1955 der Staatsvertrag unterzeichnet wurde, ließ Österreich wissen, daß es große Sorgen über die Tatsache hat, daß die Sowjetunion noch 200 Nazis gefangenhielt. Gut, sie wollten von den Russen nach Hause, unter der Bedingung, daß sie ihrer gerechten Strafe nicht entgehen sollten. Und was ist geschehen? Ein Mann wie Mittag, der lebenslänglich bekommen hat, kam nach zwei Jahren frei, und ein Mann wie Pöll, der damals zu zwanzig Jahren verurteilt wurde, ist nicht länger als 18 Monate gesessen... Das kann man doch nicht Betriebsunfälle nennen? Das ist doch bezeichnend für die Atmosphäre hier in Österreich... Unlängst las ich einen Bericht in einer Zeitung, aus dem hervorging, daß ein Polizist eine Auszeichnung als Belohnung für 25 Jahre treue Dienste erhielt. Was waren nun, nach näherer Untersuchung, die ‚treuen Dienste'? Dreijähriger Polizeidienst während der austrofaschistischen Zeit und sieben Jahre Dienst bei der Gestapo... Und wenn ich diese Dinge in der Öffentlichkeit an den Pranger stelle, dann sagt Kreisky, daß ich ‚einen Makel auf Österreich werfe'... Nun, wir sind unter uns, da kann ich Ihnen wohl erzählen, was ich zum Beispiel seinerzeit erlebt habe, als Franz Stangl, der Kommandant von Treblinka, verhaftet werden konnte. So einfach verhaften konnten wir ihn nicht, denn seine Wohnung — so hatten wir in Erfahrung gebracht — war voll Waffen. So mußten wir ihn von seiner Arbeit nach außen locken. So riefen wir damals, daß seine Tochter einen Autounfall gehabt habe. Und er kam. Die *Soldatenzeitung* hat dies nun ‚einen typischen Judenstreich' genannt, und eine andere sprach von ‚typischen Mafia-Praktiken'. Diese Art von Vorwürfen kassierte ich gerne... Es wird gegenwärtig viel über Umweltverschmutzung geredet; ist es nicht die reinste Umweltverschmutzung, daß die Nazis frei unter uns rumlaufen...? Liebe Freunde, wie ist es möglich, daß es soweit mit uns kommen konnte? Wir hatten im Krieg eine Waffe in der Hand, die uns stark machte: das war unser gemeinsames Leid. Nach dem Krieg hatten wir uns in die verschiedenen politischen Parteien integriert. Das war ein Fehler. Im Krieg hat unser gemeinsames Leid die Kraft einer Atombombe gehabt, jetzt ist unsere Kraft auf ein paar Krampusmasken gesunken."

Nach dem Vortrag Wiesenthals gab es eine Diskussion, doch dieser Gedankenaustausch hatte nichts mit einer Diskussion gemein. Es war vielmehr eine fünf viertel Stunden dauernde Springflut aus Wut und Verdruß, in der eine schreckliche Erzählung die andere ablöste. Jeder hatte ein Beispiel zur Hand, wenn er in seine nächste Umgebung blickte — in seinen Betrieb, in seine Kirche, in den Gewerkschaftsbund und vor allem in seine Partei. Es war so grotesk, daß Wut und Verdruß einer euphorischen Art von Heiterkeit Platz machten. Es war eine dramatische Zusammenkunft. Äußerlich unterschieden sich die Teilnehmer keineswegs von den Passanten auf den Wiener Trottoirs. Es waren gewöhnliche, bürgerliche Menschen mit einem Bankkonto und einem Familienleben. Es waren gleich viel Akademiker wie Arbeiter anwesend, es gab eine kleine Überrepräsentation von Beamten, und in der achten Reihe saßen sowohl ein Offizier als auch ein Polizist in Uniform. Die politischen Aussagen, die zwischen den Zeilen hervorleuchteten, waren eigentlich kaum radikal. Der eine sprach von seinen Erfahrungen mit der ÖVP, der andere wußte etwas über die SPÖ zu erzählen. Der einzige gemeinsame Nenner, den sie hatten, war die Tatsache, daß sie gegen die Faschisten waren, damals wie auch jetzt.

Der Mann, der drei Reihen vor mir aufstand, war mit einem Steireranzug bekleidet, und unter seiner Nase befand sich ein Bärtchen. Auch er legte sein Zeugnis ab. Er hatte jahrelang in jener Abteilung des Justizministeriums gearbeitet, zu der die Verfolgung der Naziverbrechen gehörte. „Und wissen Sie, wie die Abteilung in Wirklichkeit genannt wird? Ich werde es Ihnen sagen: Die einen sprechen von ‚Alibi-Abteilung', die anderen von der ‚Wiesenthal-Abteilung'. Wir sind öffentlich dem Hohn und Spott unserer Kollegen ausgeliefert. Was ich im Lauf der Jahre nicht schon mit den Leuten mitgemacht habe! Gangster nannten sie uns und Banditen . . ., wenn nicht sogar ärger. Es wurden uns auf alle möglichen Arten Steine in den Weg gelegt. Selbst unsere Unkosten bekommen wir fast nicht ersetzt. Ab einem bestimmten Augenblick wurde es mir aber zuviel. Ich bin zu meinem Vorgesetzten gegangen und habe ihm gesagt: ‚Das kann so nicht länger weitergehen, wir laufen mit unserem Kopf gegen eine Wand, die ganze Scheiße muß nun endlich aufhören!' Und wissen Sie, was passiert ist? Meine Kollegen, die einander bislang öffentlich mit ,Heil Hitler!' begrüßten, wurden unbelästigt gelassen, aber ich, ich wurde getadelt, weil ich in einem Gespräch mit meinem Vorgesetzten einen unschicklichen Ausdruck gebraucht habe."

Den folgenden Tag verbringe ich in der Parlamentsbibliothek. Der Lesesaal ist leer, bis auf den diensthabenden Bibliothekar. Nicht weit von hier muß jener Saal sein, wo der Bundeskanzler vom „jüdischen Faschisten" Wiesenthal gesprochen hat.

Ich blätterte in den Protokollen des 3. Dezember 1975, jener Sitzung, wo der Nationalrat über die Affäre Wiesenthal—Kreisky diskutierte. Kreisky verteidigte sich wie ein Löwe gegen den frontalen Angriff der ÖVP: „Ich habe vor Jahren gesagt: Man muß unter diese Zeit einen Strich ziehen." (Andauernde Zwischenrufe bei der ÖVP.) „Moment, lassen Sie mich ausreden! Einen Strich ziehen, aber nicht dadurch, daß man sie verdrängt, sondern dadurch, daß man sie erhellt und die Umstände darlegt, warum einer das oder jenes geworden ist! Allerdings mit der sehr wesentlichen Einschränkung, die ich auch heute hier machen möchte: In dem Moment, in dem einer ein Verbrechen begangen hat, muß er nach unseren Gesetzen bestraft werden, oder wenn er eines Verbrechens beschuldigt wird, muß er dafür vor Gericht gestellt werden. Eine Gesinnung — auch eine noch so falsche, unrichtige, gefährliche Gesinnung — muß das unveräußerliche Recht jedes einzelnen in der Demokratie sein, ebenso wie er für sich in Anspruch nehmen kann, politisch geirrt zu haben

— abermals mit der Einschränkung, daß er keine Verbrechen begangen hat. Das war immer mein Standpunkt, und ich habe auch immer danach gehandelt. Aber daß man deshalb von gewissen Jahreszahlen nicht mehr reden darf, das halte ich nicht für die Art, mit seiner eigenen Geschichte zurechtzukommen, sondern das ist eine Methode der Verdrängung, die bekanntlich letzten Endes psychische Schwierigkeiten auslöst."[119]

Es ist nicht verwunderlich, daß Bruno Kreisky als Bewunderer von Sigmund Freud, einem österreichischen Bürgersohn wie er, mit dem Begriff „Psychische Verdrängung" vertraut ist.

Leicht konnte ich die Protokolle des 15. Februar 1972 von der Stellage nehmen. Das war jener Tag, an dem zwei ÖVP-Abgeordnete antisemitische Bemerkungen in der Volksvertretung machten. Ich ließ meinen rechten Zeigefinger die Kolonnen entlanggleiten.

„Unerhört!"

„Pfui!"

„Ein Faschingsscherz!"

„Das ist nicht wahr!"

„Das ist eine Ungeheuerlichkeit!"

„Das ist eine Beleidigung!"

„Das ist eine Geschichtsfälschung!"

Ich schlug das Protokoll an einem anderen Ende auf. Auch hier verlief die Diskussion nicht anders.

„Das ist doch der Gipfel!"

„Schämt ihr euch nicht?"

„Das ist eine Frechheit!"

Es war nicht einfach, die berüchtigte Passage zu finden, wo die zwei ÖVP-Parlamentarier ihre Ansicht über das Weltjudentum bekanntgaben. Ja, das mußte es sein: „Leise Bemerkung bei der ÖVP", so eine kursive Schrift. In Wirklichkeit war von leise keine Rede, denn der Abgeordnete Haider rief mit lauter Stimme: „Das sind lauter Juden..."

Aber es war doch die ÖVP, ungeachtet ihrer traditionellen antijüdischen Vergangenheit, die Wiesenthal gegen den antijüdischen Bundeskanzler verteidigte in einer Zeit, die von den Juden nichts wissen möchte, jedoch gleichzeitig den Staat Israel bewundert. „Was. Das sind Juden!" sagte ein älterer Österreicher, als er während des Sechstagekrieges gefragt wurde, was er über die jüngsten militärischen Erfolge der Israelis denke.[120]

Wie kann man denn nun auch einige Ordnung in diesen komplizierten politischen und psychologischen Vorgängen schaffen? Ist es verwunderlich, daß die Kontroverse zwischen Kreisky und Wiesenthal die größte Verwirrung stiftete? Wie überschaubar war doch jene Zeit, in der die Christen Scheiterhaufen errichteten, die Juden sich mit Wucher und rituellem Kindermord beschäftigten und kein Mensch sich den Kopf über den Begriff „psychische Verdrängung" zerbrach!

Psychische Verdrängung — Ist die Tatsache, daß man in Österreich nicht von „Nazis" oder „Nationalsozialisten" spricht und statt dessen den Begriff „Ehemalige" gebraucht, nicht ein typisches Beispiel dieses Krankenbildes?

Psychische Verdrängung — Ist es nicht bezeichnend, daß das Sprichwort „Leben und leben lassen" in Österreich einen hohen Wert hat?

Sigmund Freud lebt — Ein NS-gesinnter Rechtsanwalt versuchte einem westdeutschen Gericht einzureden, daß es wohl verdächtig ist, wenn Simon Wiesenthal das

KZ überlebt hat. „Es komme darauf an, endlich mal Licht in das Dunkel des Herrn Wiesenthal zu bringen.“[121]

Sigmund Freud lebt — Eine Tageszeitung meldete, daß Kreisky bereit wäre, in sein neues Kabinett auch „Nationalsozialisten“ aufzunehmen. In Wirklichkeit sollte gesagt werden, daß im dritten Kabinett Kreisky auch Platz für „Nichtsozialisten“ wäre.[122]

Ich verließ das Parlament und spazierte in die etwa zehn Minuten entfernte Berggasse. Dort befindet sich die Wohnung Sigmund Freuds, die er 1938 durch Bruno Kreiskys neue politische Helfer verlassen mußte. Die Wohnung sieht so aus, als ob Freud jeden Moment hereinkommen müßte. Ich blättere im Katalog. Die Nummer 219 zitiert einen Brief aus dem Jahr 1919, in dem er sich beklagt über „die elende Situation in dieser Stadt, in der es unmöglich ist zu leben ...“.

Anmerkungen

[1] Das *Neue Österreich* wurde inzwischen eingestellt.

[2] *Anton Fellner*, Die größere Affäre, in: *Neues Österreich* vom 14. 6. 1966.

[3] *Erich Schmidt–Albert Konecny*, Heil Borodajkewycz, Wien 1966.

[4] Protokoll einer Versammlung in der Aula der Hochschule für Welthandel am 23. 3. 1965.

[5] *Schmidt–Konecny*, a.a.O.

[6] *Schmidt–Konecny*, a.a.O.

[7] *B. A. Sijes*, De Ostmark als leerschool, in: *Studies over Jodenvervolging*, 1974.

[8] *Jakob Wassermann*, Mein Weg als Deutscher und Jude, 1921.

[9] *Julius Braunthal*, Viktor und Friedrich Adler, Wiener Neustadt 1965.

[10] *Het Volk* (Sozialdemokratisches Organ der Vorkriegszeit in den Niederlanden) vom 29. 6. 1938.

[11] Als die Synagogen brannten, in: *Arbeiter-Zeitung* vom 10. 11. 1963.

[12] *Herbert Steiner*, Zum Tode verurteilt, Wien 1964.

[13] Das sind noch schmeichelhafte Ziffern, denn bei diesen Zahlen ist die Anzahl der gefallenen bzw. vermißten Nazis nicht inbegriffen.

[14] Schuld und Sühne der NS-Täter in Österreich, hrsg. vom Dokumentationszentrum des Bundes Jüdischer Verfolgter des Naziregimes, Wien 1966.

[15] Die Aktion war nach *Reinhard Heydrich*, SS-Obergruppenführer und Reichsprotektor von Böhmen und Mähren, benannt.

[16] *Michael Hopp*, Gogl macht nix, in: *Neues Forum*, Jänner/Februar 1976.

[17] *Die Presse* vom 19. 1. 1972.

[18] *Der Ausweg*, Juni 1972.

[19] *Der Ausweg*, a.a.O.

[20] *Der neue Mahnruf*, Dezember 1973.

[21] *Jean-Paul Sartre*, Reflexions sur la Question Juive, Paris 1946.

[22] *Max Horkheimer – Theodor W. Adorno*, Dialektik der Aufklärung, Frankfurt 1969.

[23] *Profil* vom 9. 11. 1973.

[24] *Tagebuch*, Mai 1966.

[25] *Norbert Hölzl*, Propagandaschlachten — Die österreichischen Wahlkämpfe 1945/71, Wien 1974.

[26] *Salzburger Nachrichten* vom 21. 1. 1970.

[27] *Profil*, Juni 1973.

[28] Die Serie war so skandalös, daß sie vorzeitig abgebrochen werden mußte.

[29] *Profil* vom 9. 11. 1973.

[30] *Josef Toch*, in einem Forum über Antisemitismus, in: *Der Ausweg*, Juli 1970.

[31] *Arbeiter-Zeitung* vom 8. 3. 1946.

[32] *Arbeiter-Zeitung* vom 11. und 12. 6. 1946.

[33] *Der Volksbote* vom 16. 11. 1957.

[34] *Josef Hindels*, Hitler war kein Zufall, Wien 1962.

[35] *Süddeutsche Zeitung* vom 26. 3. 1971.

[36] *Neues Forum*, September/Oktober 1971.

[37] *Norbert Hölzl*, a.a.O.

[38] Interview im *Spiegel* vom 16. 2. 1970.

[39] Eine Menge Information über die FPÖ findet man in der Broschüre *Dokumentation über die Freiheitliche Partei*, herausgegeben vom Presse- und Informationsdienst der Österreichischen Widerstandsbewegung, Februar 1970.

[40] *Anton Pelinka*, Olah in uns, in: *Neues Forum*, März 1969.

[41] *Socialisme en Demokratie* (Theoretisches Organ der holländischen Partei der Arbeit), Jänner 1959.

[42] *Paul Lendvai – Karl Heinz Ritschel*, Kreisky, Porträt eines Staatsmannes, Wien 1974.

[43] *Norbert Leser*, Zwischen Reformismus und Bolschewismus — Der Austromarxismus als Theorie und Praxis, Wien 1968.

[44] *Kurt L. Shell*, The Transformation of Austrian Socialism, New York 1969.

[45] *Wiener Tagebuch*, März 1973.

[46] *Wilhelm Burian*, Reform ohne Massen, Wien 1974.

[47] *Shell*, a.a.O.

[48] *Shell*, a.a.O.

[49] *Die Zukunft*, Oktober 1963.

[50] *Profil* vom 23. 12. 1975.

[51] In der deutschen Ausgabe des Buches von Braunthal ist die inkriminierte Passage auf mysteriöse Weise verschwunden.

[52] *Lendvai–Ritschel*, a.a.O.

[53] *Arbeiter-Zeitung* vom 4. 1. 1948.

[54] *Wochenpresse* vom 17. 6. 1970.

[55] *Der Ausweg*, Juli 1970.

[56] Das Interview wurde in *Vrij Nederland* vom 4. 7. 1970 veröffentlicht.

[57] *Die Weltwoche* vom 4. 9. 1970.

[58] *Vrij Nederland* vom 1. 8. 1970.

[59] Das andere Beweismaterial blieb erhalten (handschriftliche Notizen, Durchschläge, Fotokopien).

[60] *Wochenpresse* vom 9. 9. 1970.

[61] *Simon Wiesenthal*, Doch die Mörder leben, Wien 1967.

[62] *Kronen-Zeitung* vom 2. 12. 1975.

[63] *Die Clercke Cronicke* (Studentenzeitung aus Groningen, Niederlande) vom 3. 6. 1966.

[64] *Profil* vom 28. 10. 1975.

[65] *Wiesenthal*, a.a.O.

[66] *Simon Wiesenthal*, De Zonnebloem, Amsterdam 1969.

[67] *Vrij Nederland* vom 19. 6. 1971.

[68] *Vrij Nederland* vom 19. 6. 1971.

[69] *Profil* vom 4. 11. 1975.

[70] *Vrij Nederland* vom 13. 10. 1973.

[71] *Leeuwarder Courant* vom 24. 12. 1973.

[72] *De Clercke Cronicke* vom 3. 6. 1972.

[73] Aus der Rede von *B. A. Sijes*, gehalten am 27. 6. 1973 anläßlich der 25-Jahr-Feier des bestehenden Dokumentationszentrums des Bundes Jüdischer Verfolgter. Abgedruckt in: *Essays über Naziverbrechen*, Amsterdam 1973.

[74] *Der Ausweg*, April 1975.

[75] *Bruno Kreisky* am 16. 3. 1936 als Angeklagter vor dem Wiener Landesgericht.

[76] *Bruno Kreisky* am 10. 2. 1972 vor dem Wiener Opernball.

[77] *Willy Brandt, Bruno Kreisky und Olof Palme*, Briefe und Gespräche, Frankfurt 1975.

[78] *Klaus Harpprecht*, Willy Brandt — Porträt und Selbstporträt, München 1970.

[79] *Bruno Kreisky*, Aspekte des demokratischen Sozialismus, München 1974.

[80] *Karl Kraus*, Sprüche und Widersprüche, München 1955.

[81] Auf dem Friedhof von Père-Lachaise lag Otto Bauer begraben, bis seine Urne nach dem Zweiten Weltkrieg nach Wien überführt wurde.

[82] *Ossip K. Flechtheim* in dem Vorwort für Kreisky, Aspekte des demokratischen Sozialismus.

[83] *Profil* vom 9. 11. 1973.

[84] *Theodor Lessing*, Der jüdische Selbsthaß, Berlin 1930.

[85] *Hans Mayer*, Außenseiter, Frankfurt 1975.

[86] *Karl Marx*, Zur Judenfrage, 1843.

[87] *Otto Weininger*, Geschlecht und Charakter, Wien 1903.

[88] *Der Spiegel* vom 17. 11. 1975.

[89] *Die Welt* vom 5. 4. 1975 und *Profil* vom 26. 3. 1975.

[90] *Vrij Nederland* vom 13. 10. 1973.

[91] *Kurier* vom 20. 3. 1976.

[92] *Wochenpresse* vom 3. 10. 1973.

[93] Wörtliches Protokoll der Pressekonferenz.

[94] *Paul Lendvai*, Antisemitismus ohne Juden, Wien 1972.

[95] Flüchtige Naziverbrecher im Nahen Osten, Wien 1967.

[96] Judenhetze in Polen, o. J.

[97] *Wlodzimierz Wiaziemski*, Der Zionismus, seine ideologischen Quellen und sein Einfluß auf die polnische Medizin, o. J., veröffentlicht in: *Der Ausweg*.

[98] *Vrij Nederland* vom 6. 9. 1975.

[99] *Lendvai*, a.a.O.

[100] *Neue Zürcher Zeitung* vom 21. 2. 1973.

[101] *Simon Wiesenthal* in: *Der Ausweg*, November 1972.

[102] Unsere Ehre heißt Treue, Wien 1965.

[103] Wörtliches Protokoll der Pressekonferenz vom 10. 11. 1975, gegeben im Presseklub Concordia.

[104] Deutsche Nachrichten vom 14. 11. 1975.

[105] *Quick* vom 4. 12. 1975.

[106] *Profil* in den Monaten November und Dezember 1975.

[107] *Volksblatt* vom 3. 12. 1975.

[108] *Die Furche* vom 3. 12. 1975.

[109] *Österreichische Monatshefte*, Jänner 1976.
[110] Protokoll der Nationalratssitzung vom 3. 12. 1975.
[111] *Arbeiter-Zeitung* vom 4. 12. 1975.
[112] *Kronen-Zeitung* vom 23. 11. 1975.
[113] *Der Spiegel* vom 12. 1. 1976.
[114] *Arbeiter-Zeitung* vom 18. 2. 1976.
[115] *Profil* vom 17. 2. 1976.
[116] *Salzburger Volksblatt* vom 18. 2. 1976.
[117] *Profil* vom 3. 2. 1976.
[118] *Paul Blau*, In der falschen Partei?, in: *Die Zukunft*, Februar 1976.
[119] Protokoll der Nationalratssitzung vom 3. 12. 1975.
[120] *Profil* vom 9. 11. 1973.
[121] *Henryk M. Broder* am 28. 8. 1975 in einem Kommentar im WDR.
[122] *Neues Volksblatt* vom 13. 3. 1976.

Inhalt